dumont taschenbücher

Rainer Harjes, geb. 1948 in Oldenburg, absolvierte zunächst ein archäologisches Teilstudium an der Freien Universität Berlin, um sich danach an experimenteller Filmarbeit zu beteiligen und eine Ausbildung als Fotograf abzuschließen. Neben seiner beruflichen Tätigkeit als freier Fotograf widmet sich der Autor seit Jahren der deutschen und internationalen freien Theaterszene, um mit Feder und Kameraauge die vielfältigen Erscheinungsformen des nichtetablierten Theaters aufmerksam zu registrieren und zu strukturieren.

Straßenaktion auf dem Hamburger Alstervergnügen

Rainer Harjes

Handbuch zur Praxis des Freien Theaters

Lebensraum durch Lebenstraum

DuMont Buchverlag Köln

Umschlagvorderseite: Das ›Theater Nah-Bei‹
Umschlagrückseite: Szene aus dem Karneval in Venedig

CIP-Kurztitelaufnahme der Deutschen Bibliothek

Harjes, Rainer:
Handbuch zur Praxis des freien Theaters : Lebensraum durch Lebenstraum / Rainer Harjes.
– Erstveröff. – Köln : DuMont, 1983.
(DuMont Taschenbücher ; 136)
ISBN 3-7701-1469-8
NE: GT

Erstveröffentlichung

Satz und Druck: Rasch, Bramsche

Printed in Germany ISBN 33-7701-1469-8

Inhalt

Vorwort

Allen, die mir für dieses Buch ihre Hilfe zukommen ließen, möchte ich an dieser Stelle herzlich danken. Bei meiner Arbeit traf ich viele Menschen, die mit den vorgestanzten Schablonen einer Industriegesellschaft nichts anfangen können oder wollen, die nicht dazu beitragen wollen, daß eine menschenwürdige Kultur – die die Entwicklung des einzelnen fördert und nicht zerstört – immer weniger möglich ist. Manche verließen sichere Berufe, um sich auf die Suche nach neuen menschlichen Lebensräumen in ihrer Umwelt und ihrer Phantasie zu begeben. Sie alle besitzen meinen tiefen Respekt.

Eine Darstellung des Mediums Freies Theater kann nur skizzenhaft sein, da sich noch vieles im Fluß befindet und einen Prozeß von komplexer Durchdringung und Katalyse bedeutet. Zudem sind die Anleihen des Freien Theaters bei vielen darstellenden Mitteln weitverzweigt und zeigen ein ähnlich collagiertes Bild wie die Inhalte der Stücke.

Im Rahmen eines solchen Buches ist es nicht möglich, alle Gruppen und Einzelakteure vorzustellen, und so habe ich mich bemüht, einen möglichst breiten Querschnitt durch die Freie Theaterarbeit der Bundesrepublik Deutschland zu dokumentieren. Die ausländischen Theater am Schluß des Buches stellen eine kleine Auswahl der Gruppen dar, die mit ihrer Arbeit besondere Impulse bei uns ausgelöst haben.

Rainer Harjes

Was ist Freies Theater?

In England heißen sie ›fringe theatre‹, in Frankreich ›parallèle‹ – oder ›alternativ théâtre‹ und in der Bundesrepublik Deutschland ›Freies Theater‹, jene Theatergruppen, die sich zu Beginn der sechziger Jahre allmählich formierten und in ihrem Verständnis von Zusammenarbeit sowie in der Entfaltung schauspielerischer und dramaturgischer Kreativität und Phantasie so andere Vorstellungen hatten, als es der Umgangsweise der etablierten Bühnen mit dem Medium Theater entspricht. Das neue Freie Theater artikulierte nicht zuletzt die beginnende Aufbruchstimmung jener Zeit, in der viele Menschen besonders aus künstlerischen, literarischen und studentischen Bereichen allmählich gegen gesellschaftliche Verkrustungen und eingefahrene Gleise des Kulturlebens aufbegehrten.

Der Begriff ›Freies Theater‹ steht hier für ein Theaterschaffen jenseits der Stadt- und Staatstheater sowie der kommerziellen Privatbühnen, die aufgrund festgefügter Hierarchien im künstlerischen und organisatorischen Apparat nicht mehr in der Lage zu sein scheinen, den vielfältigen Entwicklungen der heutigen Theaterkunst gerecht zu werden. Zudem haben sich immer zahlreichere Formen theatraler Arbeit entwickelt, deren Techniken und Elemente dem herkömmlichen Bühnentheater sehr fremd sind. Die partielle Ablösung des Spielortes Theater mit der alten Guckkastenbühne ist nur ein Glied in einer langen Kette.

Ein wesentliches Kennzeichen des heutigen Freien Theaters liegt in der weitgehenden Verneinung hierarchischer Strukturen sowie in der Lust und in dem Willen, sich auf neue Formen und Stilmittel des Theaterspiels einzulassen. Gemeinsames, emanzipiertes Erarbeiten

1/2 Das ›Onk Theater Overall‹ aus den Niederlanden schafft mit seinen hölzernen ›Onks‹ und seinen aktionsreichen Spielweisen auf der Straße einen eigenwilligen theatralen Raum

der Inszenierungen, gleichberechtigte Entscheidungen aller Mitglieder zeichnen die Theatergruppen aus. Hier liegt auch wohl die tiefere Bedeutung für das Adjektiv ›frei‹, was gewiß nicht die Freiheit von ökonomischen Sachzwängen bedeuten kann, die zuhauf bestehen.

Die vielen herkömmlichen Laientheater kann man nicht zu den Freien Theatern rechnen, da sie den etablierten Bühnen in Stil und hierarchischer Gliederung vielfach nacheifern und auch selten den Versuch unternehmen, sich auf ganz neue Darstellungsebenen und Stilmittel einzulassen. Die Laienspielbühnen nutzen in dieser Hinsicht leider kaum ihre Chancen, die schon bedingt durch ökonomische Freiräume vorhanden sind.

Bietet das herkömmliche Theater überwiegend auf Sprache und Gestik basierende Darstellungsweisen, so hat das Freie Theater Versuche zur Ausweitung und Wiederbelebung des theatralen Alphabets mit Nachdruck vorangetrieben. Durch den Vorzug, nicht unbedingt ein wohlgefälliges Produkt abliefern zu müssen und zu wollen, konnte man zum Beispiel versuchen, statt gängiger Sprache, eine Lautsprache oder Nonsenssprache einzusetzen, was im Zusammenspiel mit einem weiteren Ausdrucksmittel, etwa Mimik oder Musik, einen neuen Sinn schafft. Das Experimentieren mit im Grunde altbekannten Darstellungsmitteln, die neu zueinander in Beziehung gesetzt wurden, brachte das Medium Theater auf dem Wege, zu einem Forum für die Verschmelzung vieler Einzelmedien zu werden – wie schon in den zwanziger Jahren gefordert –, ein gutes Stück voran. Hierdurch verdichtete sich die Möglichkeit, der Komplexität menschlichen Daseins mit seinen vielen Bezügen und Entsprechungen adäquate Bilder zu verleihen.

Damit wäre man bei einem weiteren kennzeichnenden Kriterium für Freies Theater angelangt. Die Spielverläufe lösen überwiegend assoziative Gebilde aus und stehen damit im Kontrast zu den zumeist intellektuell strukturierten Darbietungsmethoden der etablierten Bühnen.

Prozesse kreativen menschlichen Zusammenlebens werden verfolgt und führen zu vielfältigen Formen von Mitmach- und Animationstheater. Man will den Zuschauer nicht mehr in seiner passiven Rolle belassen, sondern ihm wieder die zentrale Funktion, die er einmal besaß, in diesem uralten Menschheitsspiel, das Theater heißt, zurückgeben.

Betrachtet man die Vielfalt der Freien Theater, so zeigt sich ein breites Spektrum: Kinder- und Jugendtheater, Mitmachtheater, Clowntheater, Bildertheater, Musiktheater, Tanztheater, Straßentheater, Multimedia-Theater, Revue-Theater, Kabarett, Schwulentheater, Theater gegen Atomkraftwerke, Frauentheater und Unsichtbares Theater sind die wichtigsten Stichworte. Die verschiedenen Bereiche sind von starker gegenseitiger Durchdringung gekennzeichnet, daher sollen diese Gattungsbegriffe nur einer besseren Übersicht dienen und keine Gruppe unbedingt auf spezifisches festlegen.

3 Straßentheaterszene mit dem ›Earthcircus‹ (Schweden)

Weshalb heute soviel Freies Theater?

Es hat wohl seit dem auslaufenden Mittelalter, als Gaukler, Spaßvögel, Artisten und Theatergruppen durch die Lande zogen, um dem arg gebeutelten Volk einige Stunden die Alltagsnot vergessen zu machen, in Deutschland keine so ungebändigte Lust am Theaterspielen mehr gegeben wie in unseren Tagen. Genauso wie viele Menschen im auslaufenden Mittelalter das Weltenende zu spüren glaubten, so empfinden viele Menschen auch heute zumindest in Europa ein Gefühl ungeheurer Bedrohung. Es ist gewiß kein Zufall, daß in einer Zeit, in der gigantische Vernichtungswaffen, sich täglich mehrend, in den Arsenalen lauern, Umweltverseuchungen apokalyptische Ausmaße angenommen haben, in vielen Bereichen täglich aussichtslos scheinende Katastrophenmeldungen verkündet werden und der Mensch beinahe weltweit im Zuge der Industrialisierung und der daraus resultierenden gesellschaftlichen Veränderungen in eine Isolation zu seiner Umwelt und seinen Traditionen gerät, ein Aufbegehren gegen eine rationale, den Untergang täglich neu programmierende Menschheit aufkommt. Zugleich wird die alte Sinnfrage auf vielen Ebenen dringender denn je gestellt und auch der vermeintliche Unsinn darauf als Antwort in wachsender Massierung produziert. Aus diesem Zeitgeist ist das moderne Freie Theater geboren, ein flexibles, ungebundenes Ausdrucksmittel, Allegorie für den täglichen Aberwitz, Darstellung des Absurden und Ungeheuerlichen, an das man sich immer mehr zu gewöhnen scheint. Das Freie Theater ist Ventil für Beklemmungen und Psychosen, zu denen die heutige Welt genügend Anlaß bietet.

Das Freie Theater ist auch Ausdruck für Dinge, die im Verborgenen oder Halbverborgenen brodeln, das Licht suchen oder es eben nicht suchen. Entsprechend extrem oder auch wild und unbändig kann es sich gebärden, wenn solche Dinge an die Oberfläche dringen. Was oft bleibt, ist die Möglichkeit, trotzdem zu lachen, gelassen zu bleiben, bei aller Betroffenheit eine innere Souveränität zu bewahren. Wie existentiell wichtig kann dies für ein Volk, für eine Menschheit von geschundenen Seelen, sein, die nur noch die täglich wachsenden Lasten registrieren. Die Auswege können sehr vielfältig sein, jeder weiß zum Beispiel, was Komik vermag. Das ganze Leben kann als eine einzige Absurdität dargestellt werden, und doch hat man sich noch nie so gut amüsiert wie hier im Theater, man fühlt sich befreit und erhoben, ist von neuem Mut durchdrungen, sich diesem eigenartigen Leben zu stellen, man bejaht es neu, trotz der empfundenen Absurdität.

Verkörperungen und Darstellungen von Verbindungen und Verknüpfungen menschlichen Lebens können für Schauspieler und Zuschauer Zustände bewußt machen, die vielleicht schon unterbewußtseinsmäßig erfaßt wurden, sich aber noch nicht klar artikulieren ließen.

Freies Theater ist oft den Paradoxien der Gegenwart verpflichtet und zeigt, wenn auch mit sehr unterschiedlichen Mitteln und von unterschiedlichsten Ausgangssituationen aus die Verstrickung des heutigen Menschen in seine Welt, auch wenn dafür unter Umständen Reminiszenzen an spätmittelalterliche Gaukler herangezogen werden oder die vielschichtigen Elemente der italienischen Commedia dell'arte Verwendung finden.

Das herkömmliche Theater verharrt in den Mauern seiner Tradition und versteht es wenig, adäquate Ausdrucksmittel für das zu finden, was immer mehr Menschen verspüren. Es bleibt weiterhin ein sehr dialektisch orientiertes Medium, das Literatur in theatrale Handlungen umsetzt. Die vielen Ansätze, die ureigensten Stilmittel des Theaters losgelöst vom Überbau einer literarisch-intellektuellen Vorlage zu definieren, um mit ihnen zu einer neuen Alphabetisierung der Theatersprache zu gelangen, müssen schon an der Struktur des traditionellen Bühnentheaters scheitern. Schauspieler, die in ihrem künstlerischen Ausdruck ständig von außen ›gesteuert‹ werden und ihre Rolle ›zugewiesen‹ bekommen, sind kaum in der Lage, solch einen subtilen und intuitiven Findungsprozeß zu vollziehen.

Demgegenüber formiert sich mit dem Freien Theater ein Medium, das von seinem Wesen her in der Lage ist, viele theatrale Stilmittel und Elemente weiterzuverfolgen und neu zueinander in Beziehung zu setzen. Allgemein wollen die etablierten Häuser diesen Darstellungsmitteln keine eigenständige Entwicklung zubilligen. Sie werden bestenfalls als lukullische Einlagen im altbekannten Kontext verwendet.

Die neuen Theaterbestrebungen zielen darauf ab, Sprache, Mimik, Pantomime, Musik, Geräusche, Laute, Wortmusik, Bewegung, Artistik, Akrobatik und Tanz gleichermaßen als ernstzunehmende Ausdrucksmittel zu verwenden, d. h., sie wollen dem Monopol des gesprochenen Wortes eine Vielzahl von Kommunikationsformen entgegensetzen. Nicht zuletzt erstrebt man ein neues Verhältnis zum Zuschauer, will ihn aus seiner notgedrungenen Passivität befreien und ihn zum Partner machen, worin übrigens auch die schwierigste Aufgabe besteht. Hier liegt der Punkt, wo die Realität die Wünsche bei weitem noch nicht erreicht hat.

In der Bundesrepublik Deutschland ist man im allgemeinen stolz auf ein subventioniertes Theater, das aufwendige Inszenierungen ermöglicht, ohne daß zugleich auf die Eintrittsgelder geschaut werden muß. Das ist in vielen Ländern nicht so – die Produkte müssen sich dort verkaufen lassen. Doch hat sich aufgrund dieser Verhältnisse bei uns ein Verwaltungstheater etabliert, das Hierarchie und Starrheit nährt, und so sind erhebliche Zweifel angebracht, ob in diesem Klima eine wirkliche Weiterentwicklung des Mediums Theater möglich ist. Das arbeitsteilige herkömmliche Theater mit Stückeschreibern, Intendanten, Dramaturgen, Regisseuren und Schauspielern wird den neuen Theaterformen nicht mehr gerecht, zumal sich Kunst und Verwaltung nie sonderlich verstanden haben.

Irgendwann in den sechziger Jahren begann das Gerede von einer Theaterkrise. Niemand wußte, was sie wirklich war, doch derartige Diskussionen tauchten genau zu dem Zeitpunkt auf, als eine neue Generation von Theaterleuten den Versuch unternahm, gesellschaftskritische Stücke zu machen, in denen es auch um die Selbstverwirklichung und Emanzipation des einzelnen geht.

Doch der emanzipatorische Gedanke findet sich in der Struktur der Bühnenhäuser nicht wieder. Die Kluft zwischen Anspruch und Realität wurde vielmehr immer größer. An einigen Bühnen kam es im Zuge dieser Entwicklung zu Versuchen mit einer Art Mitbestimmungsmodell, das den Schauspielern mehr Mitspracherecht einräumen sollte. Ein paar Häuser leisteten Pionierarbeit und verliehen diesen Bestrebungen Auftrieb. Durch häufigen Intendantenwechsel, Querelen innerhalb des Schauspielbetriebes und Hineinwirken politischer Kräfte kamen die Mitbestimmungsbestrebungen dann jedoch nicht mehr so richtig von der Stelle und wurden allmählich sogar zurückgeschraubt.

Die Schauspieler waren weiter auf Gedeih und Verderb gezwungen, ihre Kreativität, ihr ganzes Können und Ausdrucksvermögen in den Dienst einer Idee zu stellen, die andere für sie ausgebrütet hatten. Hier lag der Punkt, an dem klar wurde: Eine wirkliche Entfaltung neuer theatraler Formen war an etablierten Theatern auch weiterhin nicht möglich, bestenfalls in kleinen Ansätzen auf der Studiobühne.

Ein bekannter Ausspruch ›der Duse‹ lautet: »Um das Theater zu retten, muß man es erst von der Pest zerstören lassen.« Einige wollten nicht so lange warten und suchten ihren Weg. Schauspieler entsagten der relativen Sicherheit der Stadt- oder Staatstheater und erprobten zusammen mit Leuten, die über andere Wege zum Theaterspiel gelangt waren, all das, was an den etablierten Bühnen nicht machbar war.

Die Akteure des Freien Theaters kommen heute aus den verschiedensten Richtungen. Neben den Berufsschauspielern finden sich Menschen aus vielen Berufen zusammen. Ein wichtiger Kristallisationspunkt ist das Unbehagen gegenüber den immer perfekter vorgestanzten Lebenswegen einer Industriegesellschaft.

Was motiviert diese Menschen, materielle Sicherheit, gesellschaftliche Anerkennung und soziale Bindung aufs Spiel zu setzen, um einen Beruf zu ergreifen, der eine bürgerliche Existenz manchmal unmöglich macht? Die Antworten der Akteure auf solche Fragen zielen fast ausnahmslos in ähnliche Richtungen. Man möchte mit den Mitteln des Theaters in einer Gesellschaft, die noch Freiräume aufweist, diese aber nicht kultiviert, eben diese Freiräume beleben;

man will nicht mehr den Zertifikaten, Qualifikationsnachweisen und Abschlüssen nachhetzen; man möchte nicht mehr teilhaben an einem Leben, dem die Glocke der vermeintlichen Vernunft übergestülpt ist, so daß ein tiefergreifender Ausdruck menschlichen Lebens kaum noch zustande kommt.

Jene, die sich entschlossen, Freies Theater nicht nur neben ihrem Beruf, sondern ganz als Lebensinhalt zu betreiben, wählten den Weg vieler Schwierigkeiten und Entsagungen. Diese reichen von ständig wiederkehrenden materiellen Nöten bis hin zu diversen gesellschaftlichen Diskriminierungen durch jene, die in der Arbeit des Freien Theaters nicht mehr als ein bloßes Possenreißen sehen wollen. Und doch kommen die Freunde des Freien Theaters von überall her mit sehr unterschiedlichen Lebenswegen, und allen ist ihnen das eine gemeinsam, daß sie nach einer Form der Selbstverwirklichung des ›Ich‹ und des ›Wir‹ suchen, die sie anderswo nicht finden konnten. Ihr Weg ist gelebtes Unbehagen gegenüber dem Moloch, der mit vielen Gesichtern einherschleicht und nur auf ein Ziel hinarbeitet: Konformismus. Und wenn man erst einmal herausgefunden hat, daß eine Antwort auf Unbehagen und Trauer nicht aus Unbehagen und Trauer bestehen muß, dann bewegt man sich schon auf der Fährte des heutigen Freien Theaters.

Geschichtliche Aspekte des Freien Theaters

von Georg Stenzaly

Mitte der sechziger Jahre fand im Theater der westlichen Welt ein Paradigmenwechsel statt. Lag der Schwerpunkt der Auseinandersetzung am Theater bis dato auf der Umsetzung der Textvorlage und der Reiz fürs Publikum in der Vorstellung neuer Stücke, so verlagerte sich jetzt das Interesse auf die Auseinandersetzung mit den theatralen Möglichkeiten selbst. Das Theater reagierte mit der Form auf die gesellschaftliche Folie, nicht mehr mit dem Text.

Vorbereitet wurde dieser Wechsel von den Absurden, die sich zwar noch nicht mit der Form des Theatralen selbst auseinandersetzten, aber den Text auch schon nicht mehr als rationale Vermittlungsebene betrachteten, sondern Text und Sprache als formales Element zu begreifen suchten.

Am 2. Juni 1967 wurde auf der zweiten ›Experimenta‹ in Frankfurt ›Der Gesang vom Lusitanischen Popanz‹ von Peter Weiss gezeigt. Am gleichen Tag war in Berlin Benno Ohnesorg erschossen worden.

Der Hamburger Politclown Einhardt Klucke schreibt 14 Jahre später über die Erfahrungen dieses Tages: »Als ich an diesem Abend aus dem Theater trat, verkündeten die Nachtausgaben der Frankfurter Tageszeitungen, daß in Berlin Benno Ohnesorg erschossen worden war. In der Stadt gärte es. Beim SDS wurden Flugblätter gedruckt, Parolen, von zahllosen Händen auf Mauern gepinselt, riefen für den nächsten Tag zu einer Demonstration auf. Wenn man an einem solchen Abend aus dem Peter-Weiss-Stück kommt, kann man nicht einfach nach Hause gehen, und so landete ich im SDS-Büro, um dort mitzuberaten, was nun zu tun sei.

Am nächsten Abend wollte ich mir ein weiteres Experimenta-Stück ansehen. Es war irgendein Stück mit psychologischem Inhalt und völlig neuen ästhetischen Formen. Ich habe es nicht ausgehalten und bin schon vor der Pause rausgelaufen.«

Nach dem 2. Juni 1967 war es in der Bundesrepublik vorerst nicht mehr möglich, ein rein formalästhetisches Theater zu machen, das gleichzeitig eine weiterführende Relevanz haben sollte.

Darüber hinaus brachte die Politisierung für das Theater eine Loslösung von der Orientierung am Stück. 1963 hatte Hochhuths ›Stellvertreter‹ noch zum Skandal werden können. 13 Jahre später wurde mit Zadeks ›Othello‹ nicht mehr ein Stück, sondern der Umgang mit ihm zum Skandal.

Die Frage nach dem Selbstverständnis und der Funktion von Kunst wurde seit Mitte der sechziger Jahre auch dem Theater gestellt. Insbesondere die Happening-Künstler versuchten, der Kunst neue Möglichkeiten der Wirkung abzuverlangen, die diese nicht mehr im Kunstwerk selbst fand. Die Erwartung an die Kunst verließ den Rahmen der Vermittlung über Schönheit, Illusion und Phantasie und kaprizierte sich auf das Erlebnis des Einmaligen und Unmittelbaren. »Einmal wird die immer radikalere Verlagerung der bildenden Kunst in den Akt der Bildherstellung schließlich zur Aktion selber, bei der das Objekt, das es zu schaffen galt, wegfällt. Zugleich strebt das Theater in der äußeren Konsequenz einer antiillusionistischen Tendenz über die trennende Rampe der Bühne weg und zur Aufhebung der Antithese Schauspieler – Zuschauer« (Helmut Heißenbüttel, in ›Theater heute‹, Mai 1965, S. 23 f.).

Die erste Frankfurter ›Experimenta‹ hatte 1966 als unterschwelliges Thema die Frage nach der Beziehung zwischen Bühne und Publikum formuliert. In der Uraufführung von Peter Handkes ›Publikumsbeschimpfung‹ (Regie: Claus Peymann) fand diese Frage ihren konzentrierten Ausdruck.

Der Versuch, die Trennung von Schauspieler und Zuschauer zu überwinden, mußte zwangsläufig zu Formen des Mitspiels führen, das neben der tendenziellen Rollenaufhebung auch noch Unwiederholbarkeit und Aktion in der Theaterhandlung für sich in Anspruch nehmen konnte. Insbesondere Paul Pörtner hatte sich Mitte der sechziger Jahre durch theoretische Beiträge und Rollenvorlagen für das Mitspiel eingesetzt: »Was mich als Autor und Zuschauer am Theater interessiert: das Einmalige, Augenblickliche, Leibhaftige, Spontane, macht das Mitspiel spannend: es ist reich an Überraschungen, an ungewöhnlichen, erstaunlichen Momenten; ich erfahre etwas über mich selbst und über andere; ob ich hingehe oder nicht, spielt eine Rolle: ob ich heute hingehe oder morgen, es ist nie dasselbe: ich spiele mit, als Autor, als Schauspieler, als Publikum.« (›Theater heute‹, Mai 1965, S. 35)

Neben dem Happening versuchte die Kunstavantgarde durch die Verschmelzung unterschiedlicher Kunstbereiche eine neue Qualität des Ausdrucks zu finden. Diese Mixed-Media-Versuche (die in jüngerer Zeit unter der Bezeichnung Multimedia auch im Theater Wiederauferstehung feiern) bewirkten zumindest einen freieren Einsatz von Kunstmitteln in Bereichen, in denen diese bisher gar nicht oder nur traditionell nutzbar waren. So konfrontierte Peter Zadek Schillers Klassiker ›Die Räuber‹ Anfang 1966 in Bremen mit der Popkultur Roy Lichtensteins.

Begonnen hatte diese Entwicklung nicht in den Staatstheatern. In der unmittelbaren Nachkriegszeit entstanden neben den größeren Staats- und Privattheatern auch kleinere Zimmertheater, die insbesondere die Stücke spielten, die in der Zeit des Dritten Reiches in den USA, in England und in Frankreich geschrieben worden waren.

Das Hamburger ›Theater im Zimmer‹ war das erste dieser Art. Anouilh, Shaw, O'Neill und Williams bildeten hier das Spielplangerüst. Typische Zimmertheaterautoren waren anderswo auch noch Wilder, Cocteau und Sartre.

Etwa seit Mitte der fünfziger Jahre folgte dieser ersten Kleintheater-Welle eine zweite: die der Experimentiertheater. Diese Theater – um noch einmal Hamburg als Beispiel zu nennen: das ›theater 53‹ – verhalfen den ›Absurden‹ zu einer ersten Popularität. Ionesco und Beckett durchliefen erst einmal die avantgardistischen Kellerbühnen, bevor sie die großen Theater erreichten.

Nachdem dann in den sechziger Jahren diese Theater ihre innovative Funktion verloren hatten, lösten sie sich auf (wie das ›theater 53‹) oder degenerierten zu einem gehobenen Boulevardtheater mit weitgehendst belangloser Stückeproduktion (wie das Hamburger ›Theater im Zimmer‹).

Ähnliches gilt für die Kabaretts dieser Zeit, die um 1960 nicht mehr täglich auf die aktuellen heißen Eisen reagierten, sondern allgemeinere Themen in den Vordergrund ihrer Produktionen stellten, nicht zuletzt um den geänderten Produktionsbedingungen Rechnung zu tragen, die sich z. B. in einer immer stärker ausgeweiteten langfristigen Programmplanung äußerten.

Eine unmittelbare Inspiration für das moderne Freie Theater ging von den Studentenbühnen aus. Neugierig und aufgeschlossen für anderes, wurden aus eher dilletantischen Nachahmern der professionellen Theater, deren ausgesparte Stücke man spielte, experimentierfreudige Gruppen, die ihre Aufgabe im Ausprobieren neuer theatraler Formen und in der inhaltlichen Auseinandersetzung mit politischen Problemen sahen.

Abgesehen von der ›Studiobühne‹ in Erlangen wurde Anfang der sechziger Jahre das spannendste Studententheater in Berlin (›die andere bühne‹) und in Frankfurt (›neue bühne‹) produziert, in

4 Die ›Schaubühne am Halleschen Ufer‹, Berlin, mit Kleists ›Prinz Friedrich von Homburg‹ unter der Regie von Peter Stein, 1972/73

5 Die ›Schaubühne am Halleschen Ufer‹ mit Ibsens ›Peer Gynt‹ unter der Regie von Peter Stein (Szene mit B. Ganz und R. Leska), 1970/71

Städten also, die später zu den Zentren der Studentenbewegung heranwuchsen.

1960 kamen nach vierjähriger Unterbrechung Studentenbühnen aus aller Welt zur ›10. Internationalen Theaterwoche der Studentenbühnen‹ in Erlangen zusammen. In Anwesenheit von Grass, Enzensberger und Hildesheimer drehten sich die Diskussionen um die beiden damaligen Pole des Welttheaters – um Brecht und Ionesco.

Die Studententheater waren Reservoir für die großen Bühnen, aber auch für die späteren Freien Theatergruppen. Verschiedene Theaterleute machten hier ihre ersten Erfahrungen, wie Claus Peymann, der Anfang der sechziger Jahre an der Hamburger ›Studiobühne‹ mitarbeitete.

Ende der sechziger Jahre gingen manche Gruppen den Weg in die politischen Straßentheater, oder einzelne Gruppenmitglieder widmeten sich anderen Aufgaben als den theatralen, die in einer Phase politischer Unruhe eher suspekt erschienen. Nach der Zeit der 68er Bewegung hatten die Studententheater ihre Bedeutung eingebüßt. Die Erlanger ›Internationale Theaterwoche der Studentenbühnen‹ fand 1968 ein letztes Mal statt. Fünf Jahre später veranstaltete Erlangen dann das erste Festival Freier Gruppen unter der mittlerweile veralteten Bezeichnung ›Theaterwoche der Experimentierbühnen‹.

Auf der Staatstheaterebene verstärkte die Relativierung der Textvorlage und die Intensivierung des Nachdenkens über Form-Inhalt-Fragen die Bedeutung der inszenatorischen Idee und damit die Position von Regisseur und Dramaturgie. Nicht der neue Walser war mehr von Interesse, sondern der neue Zadek, nicht die ›Orestie‹ von Aischylos, sondern die Inszenierung von Peter Stein bringt heute das Publikum ins Theater. Nicht das Stück, sondern seine Interpretation ist das wichtigste. Und gibt es im Theater doch einmal ein neues Stück, ist dieses sehr häufig von Regie und Dramaturgie selbst geschrieben. Es ist kein Zufall, daß der Dramaturg der Schaubühne, Botho Strauß, mittlerweile zum bedeutendsten bundesrepublikanischen Stückeautor avanciert ist.

Auf der anderen Seite führten die Forderung nach einer gesteigerten Direktheit und Unmittelbarkeit des Theaters und die Ablehnung der Vermittlung über den Stücketext zu theatralen Ansätzen außerhalb der etablierten Theater. Theaterleute, die den Apparat satt hatten, Leute, die eher ein politisches oder pädagogisches Interesse vertraten, fingen an, mit Theater neu zu experimentieren. Gerade die Negierung der Form und das Interesse an Inhalten führten zu neuen Formen.

Ein weiterer Ansatz zu einer neuen Form von Theater hatte seine Ursache weniger im Theater als im Aufklärungs- und Vermittlungswillen der Studentenbewegung 1967/68.

Der Studentenbewegung waren traditionelle Publikationsformen wie Presse, Rundfunk, Fernsehen, Theaterhäuser usw. nicht zugänglich. Dieser etablierten Öffentlichkeit wurde die direkte Öffentlichkeit der Straße entgegengesetzt: Flugblätter, Demonstra-

hin zu den englischen Mimentheatern eine große Rolle gespielt hatte, dann aber immer stärker in den Zirkus und ins Varieté verdrängt worden war.

Das Theater des Augusto Boal

Die Theatertechniken des Brasilianers Augusto Boal haben bei vielen Freien Theatergruppen große Beachtung gefunden und gaben Inspirationen und Anstöße zu Weiterentwicklungen und zu Verbindungen mit anderen Spielweisen.

Augusto Boal hat eine Reihe älterer Theaterformen, wie etwa das ›Unsichtbare Theater‹, wieder aufgegriffen und fortgeführt, aber auch Konzeptionen wie das ›Forumtheater‹, bei dem die Zuschauer die Schauspieler ersetzen können, während seines Exils in Peru entwickelt.

Boal leitete von 1956 bis 1971 in Sao Paolo ein kleines Theater, in dem er mit einer zwölfköpfigen Theatergruppe experimentierte. Hier entstanden die Fundamente seiner Theaterarbeit, die ihn später weltberühmt machen sollte. 1971 wurde Boal von der brasilianischen Geheimpolizei verhaftet und gefoltert, nach drei Monaten kam er jedoch aufgrund internationaler Proteste wieder frei und emigrierte nach Argentinien, später nach Peru. Als auch dort die politischen Verhältnisse umschlugen, ging er nach Europa, bereiste viele Länder und machte seine Arbeitsmethoden überall zwischen Sizilien und Helsinki bekannt.

Seine Theatertechniken nennt er *Theater der Unterdrückten*, wobei er Unterdrückung als einen Zustand betrachtet, der in vielen Masken in Erscheinung tritt. Öffentliche Meinung oder die Meinung eines einzelnen kann ebenso unterdrücken wie der Großgrundbesitzer in Boals südamerikanischer Heimat. Da diese Theatertechniken als eine Reaktion auf südamerikanische Zustände entstanden – es gibt dort noch immer viele Landarbeiter, die quasi wie Leibeigene leben –, war es für Boal vor seiner Ankunft in Europa fraglich, wie weit seine Techniken hier überhaupt anwendbar sind und ihre Berechtigung haben. Doch sehr bald sah er, welch vielfältige Formen von Unterdrückung es auch hier gibt, nur oft subtiler und verdeckter, was natürlich auch subtilere Methoden erfordert, um sie sichtbar zu machen.

Als zentralen Punkt eines Theatergeschehens sieht Boal das intensive und nachhaltige Zusammenwirken von Spiel und Publikum. Dabei geht er in der Ablehnung des herkömmlichen Vorspieltheaters so weit, das Zuschauen als eine Form von Unterdrückung zu bezeichnen, da es Kreativität und Veränderungskraft des Zuschauers bei seinem passiven Part unterdrücke. Er verabscheut den Künstlertyp, den man als »höheres Wesen« ansieht und möchte in jedem Menschen den Künstler finden.

Boal sieht sich in seiner Theaterarbeit stark von Bertolt Brecht beeinflußt, meint jedoch, dieser habe, auch durch die geforderte kritische Distanz des Zuschauers zum Bühnengeschehen dieses Problem nicht gelöst, da er den Zuschauer letztendlich in der passiven, inaktiven Rolle beläßt. Die vielen spielerischen Momente in Brechts Stücken führten das ›Teatro de Arena‹, das Boal 15 Jahre bis zu seiner Emigration leitete, auf innovative Fährten des Darstellens.

Das ›Theater der Unterdrückten‹

Es sind im wesentlichen drei verschiedene Theaterformen, deren Techniken Boal in Europa bekannt machte, bzw. sie hier wieder in Erinnerung brachte: ›Forumtheater‹, ›Statuentheater‹ und ›Unsichtbares Theater‹. Sie alle bieten vielfältige Möglichkeiten, über offene und verborgene Unterdrückungsmechanismen zu reflektieren. Jede Technik kann für sich benutzt werden. *Theater der Unterdrückten* wäre so etwas wie ein Sammelbegriff. Gezeigt werden subtile

Wechselwirkungen zwischen Unterdrückern und Unterdrückten, was auch die Binsenwahrheit, zu einer Unterdrückung gehören immer zwei, einer der unterdrückt und einer, der sich unterdrücken läßt, belegen soll.

In Südamerika stellten Boal und seine Mitspieler den Dialog zum Publikum dadurch her, daß letzteres durch Eingaben den Spielverlauf bestimmen konnte. Die Vorschläge wurden dann von den Schauspielern ausgeführt. Auf diese Weise wollte man zu einem Volkstheater gelangen, einem Forum, auf dem das Volk nicht nur anwesend ist, sondern auf dem es sich auch artikulieren kann.

Diese Arbeit verlief in verschiedenen Phasen. Die Akteure erlebten immer wieder, wie Zuschauer einfach Vorschläge machten, ohne die Schwierigkeit der Durchführung dabei zu beachten. So wurde dazu übergegangen, nur ein Szenengerüst vorzuspielen, in dem eine ganz konkrete Unterdrückungssituation, vielleicht ›Mann zu Frau‹ oder ›Arbeitgeber zu Arbeitnehmer‹, gegeben war. Die Zuschauer konnten das Spiel durch ein eingeworfenes ›Stop‹ unterbrechen und vorschlagen, wie sie sich gegen die Unterdrückung zur Wehr setzen würden. Der jeweilige Zuschauer wurde dann von den Schauspielern aufgefordert, auf die Bühne zu kommen und den entsprechenden Schauspieler zu ersetzen. Jetzt spielten die anderen Schauspieler verstärkt gegen den neuen Darsteller. Dies sollte zum einen verdeutlichen, wie der Unterdrückte durch sein Verhalten dem Unterdrükker entgegenkommen kann und zum anderen, wie leicht es ist zu sagen, da würde ich so und so handeln, und wie schwer es ist, dann in einer realen Situation dem Druck standzuhalten. Um bei dieser als ›Forumtheater‹ bezeichneten Spieltechnik das Publikum zum Mitmachen zu bewegen, wurden zu Beginn des Spiels mit den Zuschauern gemeinsame Übungen gemacht, die allgemein auflockerten und entspannten und ein Gemeinschaftsgefühl zwischen dem Publikum und den Schauspielern, aber auch innerhalb des Publikums entstehen ließen.

Eine andere Theatertechnik, die Boal wieder verfügbar machte, ist das ›Unsichtbare Theater‹, dessen Ursprünge wahrscheinlich in das Europa der zwanziger Jahre zurückreichen. Die Schauspieler des ›Unsichtbaren Theaters‹ lernen ihre Rollen wie bei einem herkömmlichen Theaterstück, und alle Details des Spiels werden sorgsam geprobt. Kommt es dann zur Aufführung, braucht das Publikum keinen Eintritt zu bezahlen und weiß nicht einmal, daß es einer Theateraufführung beiwohnt. Die Handlung findet irgendwo auf der Straße, in öffentlichen Verkehrsmitteln, in einem Café, im Kaufhaus oder sonstwo statt. Sie kann eigentlich überall stattfinden, wo es ein Publikum gibt. Der Zuschauer kann frei handeln, ist nicht zur üblichen Passivität des Zuschauers, der wissentlich einer Aufführung beiwohnt, verurteilt. Sein mögliches Eingreifen ist also von sehr naturalistischer Art.

Irgendwo wird von den Schauspielern ein Zwischenfall provoziert, der viele aufmerken läßt. Unter dem Publikum befinden sich ein paar Schauspieler, die als erste das Geschehen aufgreifen oder in verschiedene Richtungen (Pro und Contra) zu lenken versuchen. Die echten Zuschauer sollen in das Spiel einbezogen werden. Dabei gehen die Schauspieler sehr vorsichtig vor, da die Hemmschwelle für ein Eingreifen auf seiten des Publikums ziemlich hoch liegt.

Ein Zwischenfall im Café

Ein mittelmäßig gefülltes Café, halblaute Unterhaltungen, dezente Musik. An einem Tisch zwei Männer, zwei Tische weiter eine Frau, alleine. Beide Tischbesetzungen gehören zur Theatergruppe. Die Männer versuchen, sich auf eine einigermaßen plumpe und unverschämte Art mit der Frau bekannt zu machen. Diese weist die Annäherungsversuche zurück und verläßt schließlich protestierend das Café. Die anderen Gäste zeigen keine Reaktion. Bald gehen auch die zwei Männer. Einige Zeit später betreten zwei andere Männer das Café und kurz danach eine Frau, die bald beginnt, die Männer ›anzumachen‹. Diese sind völlig ratlos und beschweren sich beim verzweifelten Geschäftsführer, der die Dame aus dem Café weist. Die zurückgebliebenen Männer versuchen mit den Gästen, die vorher auch die umgekehrte Situation erlebten, zu diskutieren, wobei auch andere Schauspieler unter den Gästen sind, um die Leute zu einer Pro- oder Kontra-Haltung zu provozieren (gespielt vom Tagtraum-Theater, Hamburg).

Nach Boal soll der Zuschauer nie erfahren, daß das Spiel Theater war, da sonst das starke Erlebnis zusammenfällt. Das unfreiwillige Publikum soll durch diese ungewöhnliche Form vom Zuschauer zum Protagonisten werden und die Möglichkeit des spontanen, konkreten Handelns haben.

Boal macht in vielen Workshops interessierte Personen mit seinen verschiedenen Techniken vertraut, liefert aber immer nur die Techniken, die Themen müssen die Teilnehmer selbst erarbeiten. Er legt großen Wert auf vielfältige Körperübungen und Interaktionsspiele, die den Teilnehmer aus seiner Passivität locken und zum Spielen, zum Agieren, zum Handeln animieren sollen.

Ein wichtiges Ziel sieht er in der Wiederentdeckung und Entwicklung der körpereigenen Ausdruckskräfte, da die ganze Lebensführung, insbesondere die Arbeit, den Körper prägt. Ein angenommener Unterdrückungszustand manifestiert sich für Boal auch im Körper, hat bestimmte Bewegungen und Gesten zur Folge oder stellt Bereiche des Körperausdrucks einfach ab. Um wieder zu einem frei handelnden Individuum zu werden, soll der Mensch sich seines Körpers einschließlich aller Einschränkungen bewußt werden und ihn wieder ausdrucksfähig machen können.

Boals Workshops werden außer von Schauspielern auch von vielen anderen interessierten Personen besucht, die häufig aus Arbeitsfeldern wie Heimen, Schulen, Freizeitstätten, Krankenhäusern, Kindergärten, Psychiatrischen Anstalten, Gefängnissen u. ä., kommen.

So wurden Boals Spieltechniken mittlerweile in die Workshoparbeit vieler Freier Gruppen aufgenommen und auf diese Weise an sehr verschiedene Personenkreise weitergegeben, wobei sich die Ausarbeitung der szenischen Vorlagen aus den konkreten Bedürfnissen der Teilnehmer ergibt. Im Zusammenspiel mit Jugendlichen hat sich herausgestellt, daß für diese die Themen Drogen, Beziehungsarmut und Arbeitslosigkeit eine große Rolle spielen. Auch die Workshopteilnehmer aus den sozialpädagogischen Berufen bemühen sich darum, ihre Erfahrungen aus dem Kurstraining in die tägliche Arbeit einfließen zu lassen.

Die ›Theatermanufaktur‹

Diese Gruppe ist weit über den Bereich Berlins und auch über das Bundesgebiet hinaus bekannt. Im Jahre 1973 trat die ›Theatermanufaktur‹ mit ihrem ersten Stück *1848* in Erscheinung und erregte Begeisterung und Aufsehen. Mit ihren szenischen Montagen bewies die Gruppe, daß geschichtliche Ereignisse von der Komplexität der 1848er Revolution durchaus mit den Mitteln des Theaters erlebbar und begreifbar gemacht werden können.

Die historische Montage zeigt in einer schnellen Folge von Szenen die Lebensbedingungen des Volkes im Vormärz, die Verbreitung des Gerüchts von der Verbrennung des Throns in Paris über ganz Europa und – wie in einem alten Stummfilm – die Ereignisse und Kämpfe der Märztage. Da die Spieler in schnellem Rhythmus ihre Rollen wechseln, erfordern Mimik und Bewegung sehr viel Körperbeherrschung. Die ›Theatermanufaktur‹ zeichnet Bilder mit ungeheurer Dichte und Ausdruckskraft, verwendet verschiedene Theaterformen, die durchaus in der Tradition von Brecht stehen, jedoch eine Erweiterung des Brechtschen Theaters darstellen, weil sie beweisen, daß politisches Theater sehr lebendig und formenreich sein kann.

Man ging mit dem Stück *1848* auf Tournee und hatte großen Erfolg. *1848* kam auch in der Frankfurter Paulskirche zur Aufführung. Eine französische Tageszeitung verglich das Stück mit *1789* in der Inszenierung von Ariane Mnouchkine und fand, es stände diesem in nichts nach. So hatte sich die ›Theatermanufaktur‹ gleich mit ihrem Erscheinen einen Namen geschaffen; doch war dies kein Erfolg aus heiterem Himmel, sondern Teil einer mühsamen Aufbauarbeit.

Die ›Theatermanufaktur‹ ging aus dem ›Wiener Kellertheater‹ hervor, einer Bühne, die sehr viele Brecht-Stücke und andere dieser Art spielte. Ende der sechziger Jahre spalteten sich die Schauspieler Otto Zonschitz, Ilse Scheer und Rudolf Stodola ab und gründeten eine Tourneegruppe (›Der Musikalische Popanz‹), mit der sie etwa zwei Jahre unterwegs waren. 1970/71 kamen sie nach Berlin, gaben am Kammertheater ein längeres Gastspiel und lernten die Stadt kennen. Da ihnen die Berliner Atmosphäre gefiel, entschlossen sie sich zu bleiben und die Theaterarbeit dort weiterzuführen. In einer ehemaligen Schokoladenfabrik in Neukölln mieteten sie Räume, fanden noch einige Leute dazu und gründeten die ›Theatermanufaktur‹. Ein Jahr lang wurde an dem Stück *1848* geprobt, bis es 1973 am Landestheater in Tübingen Premiere hatte.

Die ›Theatermanufaktur‹ war von Anfang an ein professionelles Theater aus einer Gruppe von Schauspielern, Musikern und Stückeschreibern, die sich zusammentaten, um gemeinsam das zu verwirklichen, was auf großen Bühnen nicht möglich schien: intensive Diskussionen über die Inhalte der Stücke, lange, gründliche Probenarbeit und Beschäftigung mit allen Bereichen des Theaters. Bestand die Gruppe anfangs nur aus ausgebildeten Schauspielern, so kamen in späterer Zeit auch sogenannte ›Laien‹ hinzu. Insgesamt gehören heute etwa 20 Personen zum Ensemble. Alle Fragen, seien es künstlerische oder organisatorische, werden gemeinsam besprochen und beschlossen. Sind Themen kontrovers, so wird immer wieder darüber diskutiert, bis man zu einer Einigung kommt. Für Stücke, denen keine Fremddrehbücher zugrunde liegen, sammeln alle am Stoff interessierten Mitglieder Material und machen Vorschläge zur Konzeption, die man wieder gemeinsam bespricht. Otto Zonschitz, Regisseur und Autor der Gruppe, erstellt daraus ein Szenengerüst, das nochmals diskutiert wird. Darauf erfolgt die Ausschreibung der Szenen in Bilder, und die Proben beginnen, wobei die einzelnen Schauspieler möglichst verschiedene Rollen spielen, um herauszufinden, wer sich zu welcher Rolle am besten eignet. In der Praxis sieht es häufig so aus, daß in vielen Fragen die Vorstellungen der Elternfiguren Scheer (Regie), Zonschitz (Regie und Buch) und Stodola (Musik) allgemeine Zustimmung erhalten, da sie von der Gruppe als künstlerische Leiter akzeptiert werden.

Die ›Theatermanufaktur‹ möchte bewußt ein Volkstheater sein, weiß aber, wie schwierig dieses Ziel umzusetzen ist. So meint man denn auch, noch nicht so recht dazu gekommen zu sein, Volkstheater nach dem eigenen Verständnis des Genres zu spielen. In der Vorstellung der Truppe lebt ein gutes Volkstheater auch aus der Opposition gegen herrschende Zustände, und man erinnert in diesem Zusammenhang an Molière, der einen Hochverratsprozeß bekam und nicht in geweihter Erde begraben werden durfte, sowie an Nestroy, der von der Bühne herunter verhaftet wurde.

Wenn derartiges der ›Theatermanufaktur‹ auch kaum widerfahren dürfte, so erfuhr sie doch, wie mangelndes Wohlverhalten gegenüber öffentlichen Auftraggebern seine Folgen haben kann. Die Berliner Festwochen 1978 standen unter dem Motto ›Die Goldenen Zwanziger Jahre‹. Neben anderen Theatern bekam auch die ›Theatermanufaktur‹ von der Festspielleitung den Auftrag, ein Stück zu diesem Thema zu inszenieren. Man diskutierte darüber und fand, die Goldenen Zwanziger Jahre seien so golden nicht gewesen, und

32–35 Die ›Theatermanufaktur‹ mit ›Murieta‹ nach Pablo Nerudas einzigem Theaterstück ›Glanz und Tod des Joaquin Murieta‹

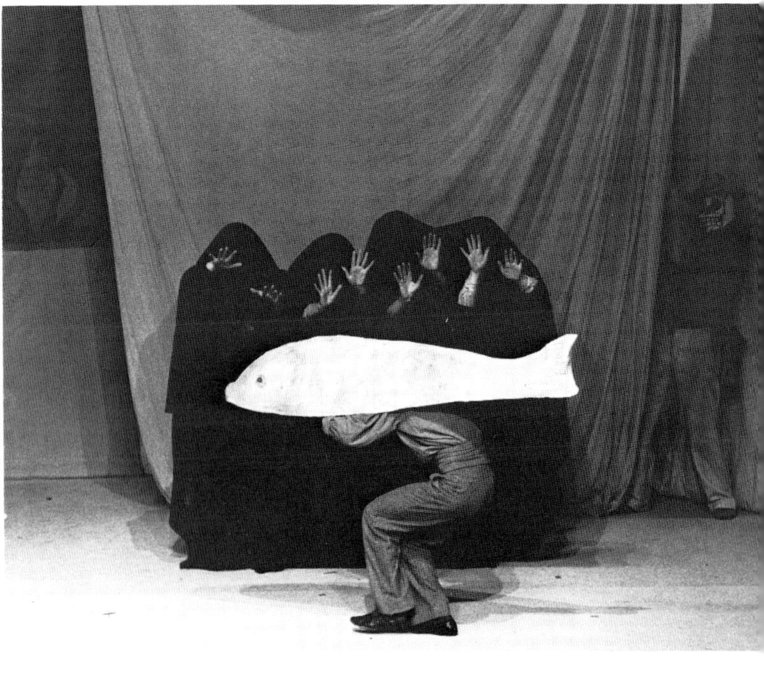

das Gold der Zwanziger Jahre sei nicht denkbar ohne das Elend der Zwanziger Jahre. Unter dem Titel *Unser Recht zu leben* entstand ein Stück über die Weimarer Republik, das mit Ende des Ersten Weltkrieges und der Fürstenabfindung beginnt und in den frühen dreißiger Jahren endet. Im Dialog mit dem Publikum wurde das Stück nach der Premiere teilweise verändert und hieß dann: *Krieg, Frieden und Inflation.*

Die Festspielleitung war entsetzt, hatte sie doch etwas Lockeres und leicht Verdauliches zu diesem Thema erwartet. Seither gab es keinen offiziellen Auftrag mehr, und das Theater mußte lange warten, bis es wieder Inszenierungszuschüsse erhielt. Ein halbes

Das Stück spielt in einem lateinamerikanischen Land von heute und bedient sich der historischen Gestalt des Aufständischen Murieta, um die Mauer des Schweigens, die Terror und Unterdrückung aufgerichtet haben, zu durchbrechen

34

Jahr später mußte die ›Theatermanufaktur‹ auch ihre Spielstätte im Künstlerhaus Bethanien räumen, die in der Hoheit des Berliner Senats liegt.

Die ›Theatermanufaktur‹ versteht sich als ein politisches Theater, macht aber kein plattes Agitationstheater, auch wenn in den Stücken durchaus Stellung bezogen wird.

Man verwendet eine breite Palette theatralischer Mittel und wechselt sie bei einigen Stücken in atemberaubender Weise ab, wobei die Präzision der Szenenwechsel höchst verblüffend ist. Gespielt wird mit Sprache, Mimik, Gestik und Bewegung. Kulissen

35

bestehen häufig nur aus Tüchern, Leitern, Böcken und Seilen und ermöglichen einen schnellen Wandel der Szenerie.

In *Das Richtfest* hängt ein mehrfach geschlitztes Segeltuch an einem quer über die Bühne laufenden Seil. Das Tuch dient einmal als Portal des Kaiserpalastes und einmal als Maschinenwand und senkt sich jäh zu einem Segel oder zur Abdeckung des kaiserlichen Bades herunter. Auch werden Tücher mit Stöcken gern auf der Bühnenebene verwendet. Es schälen sich Menschengruppen heraus, entfalten ein Spiel, werden wieder von Tüchern aufgenommen. In einigen Stücken tauchen Masken und Puppen auf. Große Sorgfalt verwendet das Theater auf den Einsatz von Musik, die zum Teil von dem Komponisten der Gruppe, Rudolf Stodola, geschrieben wird.

Von den Ruhrfestspielen bekam die ›Theatermanufaktur‹ zwei Auftragsproduktionen und ist seit 1974 auch jedes Jahr dort vertreten. 1979 erhielt sie den Kulturpreis des Deutschen Gewerkschaftsbundes. Insgesamt hat sie zehn Stücke in ihrem Repertoire, die immer wieder gespielt werden. Das Erstlingsstück *1848* ist seit neun Jahren im Programm und nach wie vor gefragt, zumal auch immer neue Publikumsschichten nachwachsen. Es wird häufig von Schulklassen besucht, die so in drei Stunden sehr lebendigen Geschichtsunterricht vermittelt bekommen.

Tourneen führten die ›Theatermanufaktur‹ in mehr als 60 Städte der Bundesrepublik und in 14 verschiedene europäische Staaten. Gespielt wird in großen Theatern und Stadthallen, aber ebenso auf sehr kleinen Bühnen. Wenn auch das Theater schon große Erfolge verbuchen konnte, sieht die finanzielle Situation der Schauspieler doch sehr bescheiden aus. Die in einer Zweierbeziehung lebenden Mitglieder erhalten eine Einheitsgage von 800,– DM, die allein lebenden 900,– DM. Hat jemand besondere Aufwendungen, bekommt er nach gemeinsamer Absprache einen Zuschuß oder einen Kredit vom Theater. Falls genügend Geld vorhanden ist, zahlt man sich ein Weihnachts- und Urlaubsgeld.

Seit März 1982 hat die ›Theatermanufaktur‹ das ehemalige Gebäude der Berliner ›Schaubühne am Halleschen Ufer‹ übernommen, ein sehr riskanter Schritt, da sie gezwungen ist, dies ohne jegliche Subvention zu tun. Einen so großen Spielkomplex wie den eigenen mit einem Tourneetheater zu betreiben, erwies sich auf Dauer aber als zu kräftezehrend, und so hat man erkannt, daß die Existenz der Gruppe letztlich von einer ständigen Produktions- und Spielstätte abhängt. Trotzdem bleibt die Übernahme eines festen Hauses ein gewagter Schritt, der die ›Theatermanufaktur‹ dazu verpflichtet, zumindest ein durchgehend halb- bis dreiviertelgefülltes Haus zu erzielen. Daher ist daran gedacht, auch andere Freie Gruppen für Gastvorstellungen zu verpflichten. Sollte die ›Theatermanufaktur‹ auf diese Weise dauerhaften Erfolg haben, möchte sie ihrem Theater eine Schauspielschule angliedern.

Das ›Zan Pollo Theater‹

Was bedeutet eigentlich der Name ›Zan Pollo‹?
Zan Pollo war ein Gaukler, lebte in der ersten Hälfte des 16. Jahrhunderts in Venedig und gilt als einer der Vorläufer der Commedia dell'arte.

Wie lange seid Ihr als Theater zusammen?
Einige seit Sommer 1976, andere sind später dazugekommen.

Wie erarbeitet Ihr Eure Stücke? Habt Ihr fertige Texte oder schreibt Ihr sie selbst?
Das ist immer wieder verschieden. Wir lehnen fertige Stücke nicht ab, aber es gibt kaum aktuelle, die von den Figuren, von der Machart, von der Aussage her unseren Vorstellungen entsprechen.

Die Landnahme war eine Eigenproduktion. Beim *Herrlichen Hahnrei* haben wir das gleichnamige Stück von F. Crommelynck bearbeitet. Die *Comédie Molière* war eine Montage aus verschiedenen Molière-Stücken, und *Laputa* haben wir gemeinsam mit einem Schriftsteller entwickelt. Die letzten Stücke sind teils aus Improvisationen, teils aus selbstgeschriebenen Texten entstanden. In *Wiespätissn* haben wir viele Originalzitate aus Zeitungen, Leserbriefen, Radiosendungen und Interviews verarbeitet.

Wie sieht denn die kollektive Arbeit in einer Theatergruppe aus? Macht jeder alles?
Na, zunächst mal spielen alle. Diverse Nebenbeschäftigungen vom Bühnenbild-Bauen bis zur Auftrittsorganisation kommen dazu. Es gibt für die verschiedenen Bereiche Verantwortliche; das ist je nach Fähigkeit, Interesse und Notwendigkeit fest verteilt. Bei den Proben z. B. sind möglichst alle dabei und machen Vorschläge, aber Peter ist verantwortlich für die Regie.

Ich kenne kein Kollektiv, wo jeder alles kann und macht. Das ist eine Illusion. Gruppenarbeit heißt doch im besten Sinne nur, daß es keinen Chef gibt, der befiehlt, und alle anderen haben das Maul zu halten und zu funktionieren. Das heißt weiter, daß wir weitgehend selbst bestimmen können, wann und wie wir arbeiten, daß die Strukturen sich den Menschen anpassen und nicht umgekehrt.

Zur Organisation – wie finanziert Ihr Euch und wo tretet Ihr auf?
Das sind genau unsere beiden größten Probleme. Wir sind zur Zeit zwölf Leute, die fast alle vom Theater leben. Das ist, wenn man Produktions- und Raumkosten dazuzählt, mit Spieleinnahmen nur schwer zu finanzieren. Wir sind also auf Zuschüsse vom Senat oder anderen Trägern angewiesen.

Für *Wiespätissn* haben wir wieder eine Senatsförderung bekommen, die jedoch nicht ausreicht. Der ›Freundes- und Förderkreis‹ unterstützt uns auch, und im Notfall müssen wir halt zusätzlich jobben. Der Senat von Berlin lehnt eine kontinuierliche Förderung der Freien Theatergruppen grundsätzlich ab. Man kann nur für jeweils ein Projekt Geld beantragen, und dann heißt es: ›Im nächsten Jahr sind andere dran.‹ Das funktioniert so nach dem Gießkannenprinzip und nennt sich ›Humusförderung‹. Da die Steuergelder ja für Rüstung und andere verrückte Industriegroßprojekte gebraucht werden, bleibt für Kultur nicht viel übrig.

Bei den Auftrittsmöglichkeiten sieht es ähnlich aus. Wie auch die meisten anderen Theatergruppen in Berlin fordern wir seit Jahren einen festen Spielort. Die Einrichtung von dezentralen selbstverwalteten Kulturzentren ist sogar seit über zwei Jahren ein Beschluß vom Abgeordnetenhaus. Aber es ist bis heute nichts passiert. Der Beschluß ist Papier. Wir hatten ein ideales Haus – das ehemalige ›Ballhaus Tiergarten‹ – für ein Kulturzentrum gefunden und mit anderen Interessenten ein Konzept und einen Finanzierungsplan aufgestellt. Vor den Wahlen gab es auch Unterstützung von vielen Seiten, aber danach wurde es doch abgelehnt.

Wir müssen also weiterhin Räume anmieten und mit variabler Bühne immer neu nach Auftrittsmöglichkeiten suchen.

Wie seid Ihr an den Stoff Eures letzten Stückes, das Friedensstück, herangegangen?
Wir haben zunächst Material gesammelt: Bilder, Artikel, Kommen-

tare, Bücher, Aktionen von Friedensgruppen, Eindrücke in Kneipen, auf Demos, aus dem Fernsehen; wir haben Leute auf der Straße interviewt, mit Freunden gesprochen und uns natürlich selbst befragt. Dann haben wir Darstellungsformen ausprobiert und verschiedene Stückgerüste entworfen.

Irgendwann stellten wir dann fest, daß alle Welt, daß buchstäblich jeder vom Frieden redet, daß aber alle verschiedene Vorstellungen davon haben und daß gerade mit diesem Begriff viel gelogen und verschleiert wird. Das fängt an beim Vater, der sein Kind prügelt und dabei brüllt: ›In meinem Haus herrscht Frieden!‹, und geht bis zu unserem Bundeskanzler Schmidt, der die NATO als die größte Friedensbewegung bezeichnet. Beim Thema Frieden – das ist ja erstmal nur ein abstrakter Begriff – verhalten sich die Menschen sonderbar: Sie zünden Kerzen an, sie gehen auf die Straße, sie schreiben Gedichte, sie züchten Tauben, sie werden wieder fromm, sie beten für Polen, sie wandern aus, sie bauen Bunker, sie kaufen Raketen, sie kaufen Politiker, sie üben den Verteidigungsfall, sie lassen die halbe Welt verhungern ... Alles für den Frieden!

Es werden zur Zeit viele Stücke zum Frieden gemacht. Habt Ihr da keine Angst vor der Konkurrenz?
Nein, warum sollten wir Angst haben? Jeder hebt einen anderen Aspekt des Themas hervor und geht anders heran. Das ist doch gut so, weil es eben nichts Wichtigeres gibt.

Ist das Theaterspielen für Euch mehr politische Aufgabe oder mehr ein Vergnügen?
Ja.
(August 1982)

›Wiespätissn‹ – ein Spiel um den Frieden

Bei dieser Produktion geht das ›Zan Pollo Theater‹ der Frage nach: Wie verhalten sich die Menschen, wenn sie der Bedrohung durch einen Atomkrieg ausgesetzt sind? – Sie reden vom Frieden. Dieser Begriff ist zu einer magischen Formel geworden, die von den verschiedensten Kräften beschworen wird.

So gestaltet das ›Zan Pollo‹ eine fiktive Friedensveranstaltung, während der die gegensätzlichsten Meinungen und Verhaltensweisen zusammentreffen und in Konflikt geraten. Verschiedene Gruppen und Personen stellen mit Aktionen, Szenen, Ansprachen, Gesang und Tanz ihre Vorstellung von Frieden dar. Das Stück wird begleitet mit vielen musikalischen Einlagen (Bläser, Klavier, Gitarre, Schlagzeug) und »unvorhersehbaren Zwischenfällen«, die die Szenerie zeitweilig von der Veranstaltungsebene weg bis ins Absurde treiben. Das Spiel entwickelt sich zu einer Gratwanderung zwischen Realität, Traum und Alptraum bis zu der Frage: »Worum geht es eigentlich, wenn wir von Frieden sprechen? Es geht letztendlich – so auch am Ende des Stückes – um Leben und Tod.«

Als erstes stellt sich die Gruppe ›Gemeinsam in Frieden leben lernen‹ vor. Sie sucht den Frieden in ihrer häuslichen Gemeinschaft, abseits vom Gerangel »irritierter Realpolitiker«. Jonas, Kind ihrer Träume und Ideen, wird geboren als Symbol für eine glückliche Zukunft in menschlichem Miteinander.

Danach zeigen engagierte Christen ihre Aktivitäten gegen die atomare Bedrohung. Sie wollen wachrütteln und geben Anregungen, wie z. B. mit dem Umtausch von Kriegsspielzeug für den Frieden gekämpft werden kann.

Sie erzählen mit verklärtem Gesicht von ihrem Marktstand in ihrer Kleinstadt, vom Verkauf ihrer ›Panzerplätzchen‹: »Jeder, der ein solches Plätzchen kauft und ißt, zerstört damit ein Symbol des Krieges und der Gewalt.«

Eine ganz andere Vorstellung vom Friedenskampf hat wiederum die ›Theatergruppe Rote Rakete‹. Ihr geht es darum, die Kriegstreiber beim Namen zu nennen und sie auf der Bühne der Lächerlichkeit preiszugeben. In einer ›Agitprop-Szene‹ mit dem Rüstungsfabrikanten ›Arndt von Rakete‹ und einem ›lonesome cowboy‹ zeigt die aufrechte ›Frieda Frieden‹ energisch, was sie von deren Machenschaften hält.

Einer Abordnung des Besetzerblocks ›Action und Chaos‹ ist das alles zu langweilig und abgehoben. Sie haben es nicht nötig, sich von »Altlinken« belehren zu lassen, stürmen Bühne und Mikrofon und vertreiben die »linken Besserwisser«.

ZAN POLLO THEATER
WIESPÄTISSN
EIN SPIEL UM DEN FRIEDEN

Dies führt zu einer musikalischen »Schlacht ums Podium«, in die alle bisherigen »Veranstaltungsteilnehmer« verwickelt werden. Die Szene gerät ins Absurde und verwandelt sich in ein Klassenzimmer. Die Streitenden finden sich als Schüler wieder, denen eine strenge Lektion in Sachen Frieden erteilt wird. Die Pausenklingel ertönt, erleichtert flüchten die Schüler.

Nach der Pause tritt Erwin Kasties, Vorsitzender des Sportclubs ›Dresdenia‹, auf und übernimmt die Führung durchs Programm. Er findet die Veranstaltung zu negativ, zu pessimistisch. »Gerade beim Thema Frieden muß man doch erstmal an die schönen Dinge im Leben denken und fröhlich sein.« Er moderiert eine Nummernfolge, »wo die Zuschauer mal so richtig mitmachen können«: Tanz, Unterhaltung und Gesellschaftsspiel. Doch auch er steht den politischen Problemen nicht blind gegenüber. Er lenkt die Aufmerksamkeit auf Polen, »denn solange die Russen ihre Finger in Polen drin haben, kann es keinen Dialog über den Frieden geben«.

Dann überreicht er Frau Kowalski, einem Mitglied von ›Solidarnosc‹, einen Scheck und freut sich, daß die jungen Christen einen Pastor zur Andacht für Polen eingeladen haben. Nach der Predigt (es ist die Originalpredigt des Papstes zu Polen) von ›Monsignore Antonio Casabella‹, einem Polenbeauftragten des Vatikans auf der Durchreise, kommt es zum Streit: Erwin Kasties ist die Übersetzung zu tendenziös.

Auch die Aktion der jungen Christen, ›Frieden schaffen ohne Waffen‹, erscheint ihm plötzlich zu linkslastig. Über die Polenfrage wird der Streit ausweglos: Erwin wird von einer aufgebrachten Zeitungsverkäuferin als »reaktionäre Sau« geohrfeigt, die Polin will sein Geld nicht mehr, sie verläßt empört die Veranstaltung, und Friedolin, ein betrunkener Zuschauer, versucht mit dem Vatikanvertreter auf Gott und die Welt anzustoßen.

Diesem Durcheinander setzen zwei Faschisten ein brutales Ende: »Ehe diese Welt nicht vom Bolschewismus befreit ist, können wir keinen Frieden geben.«

Im Nachspiel zwischen Friedolin und dem Tod (er erscheint, um die Erschossenen zu sich zu nehmen) geht es um den Kern der Sache: um das Überleben der Menschheit.

Nekropolis, auch Tod genannt, ist heruntergekommen, tief deprimiert leidet er unter Verfolgungswahn.

»Einst war ich der Engel des Guten auf dieser Erde. Ich war voller Kraft, liebte das Leben und die Menschen. Doch sie jagten mich fort. – Ganze Horden von Wissenschaftlern versuchten mich zu fesseln und zu knebeln. Sie wollen die Unsterblichkeit. Sie behandeln mich wie einen Verbrecher.«

Nekropolis zeigt sich gebrochen:

»So oder so, ich werde untergehen. Ich hatte eine Vision: Alle Menschen kamen auf mich zugerannt, von allen Seiten, einige wenige wurden getragen. Diese riefen anfeuernd: ›Fortschritt! Wachstum! Reichtum! Ordnung.‹ Und ihre Träger mußten immer schneller rennen. Hinter sich ließen sie eine breite Spur aus Beton und Müll. Kein Fleckchen Erde blieb unangetastet; die Luft und das Wasser wurden trübe.

Niemand durfte sich umsehen, oder gar stehen bleiben, es gab davon einige, aber sie wurden erbarmungslos überrannt. Doch trotz dieser Opfer wuchs die Zahl der Menschen, die immer schneller auf mich zuliefen. Und plötzlich sah ich, daß diese Menschen ein gemeinsames Ziel hatten: Mich! So wollen sie also ihren Traum von der Unsterblichkeit verwirklichen: Indem sie ihre eigene Existenz zerstören, zerstören sie auch den Tod.«

Nekropolis zieht den Zufall dem Selbstmord vor: »Ich bin der Zufall, der auf den Knopf drückt.« Er will das Ende der Welt einleiten, sich lieber so selbst auslöschen und der Vernichtung durch die Menschen zuvorkommen.

Friedolin versucht, dem Tod die düsteren Gedanken zu vertreiben und ihn zu trösten. Er verwickelt ihn in eine philosophische Debatte und verführt ihn zum Trinken. Damit verhindert er – für die Dauer eines Rausches – das Ende der Welt.

Doch das Ende der Welt ist nur aufgeschoben, nicht aufgehoben. An die Zuschauer wird die Aufforderung weitergegeben, »dafür zu sorgen, daß der Tod seine Depressionen verliert«.

›Filou Feo Theater‹

Das Publikum wartet auf den Beginn der Vorstellung. Eine Frau mit weißer Schürze und weißem Häubchen betritt eher beiläufig die Bühne; sie erinnert an die Platzanweiserin des alten Kinos. Mit leicht angewidertem Blick reißt sie imaginäre Eintrittskarten in den Händen ebenso imaginärer Personen ab. Der Saal füllt sich. Ein Feuerwehrmann inspiziert den Bühnenraum. Die Platzanweiserin lehnt, eine Handharmonika haltend, gelangweilt an der Wand. Staksig und unbeholfen betritt ein Mann mit einem Koffer die Bühne, summt ein Lied, setzt sich schüchtern umherblickend auf einen Stuhl, legt den Koffer auf die Knie und öffnet ihn mit umständlichen, verbogenen Bewegungen. Das Gesicht ist gespannt und unsicher, bei jeder Bewegung wandern Wangen und Kinnlade zu einem anderen Punkt. Von der Handharmonika ertönt eine langgezogene Melodie.

Der Koffer birgt ein Gestell mit einem Bühnenvorhang, das der Schüchterne umständlich mit Schraubzwingen am Kofferboden befestigt, und die kleinste Bühne der Welt ist spielbereit. Auf ihr steht ein winzig kleiner Kaktus. Rührig und einschmeichelnd, von der Handharmonika begleitet, singt der Mann:

»Blumen im Garten
die zwanzig Arten
von Rosen, Tulpen und Narzissen
leisten sich heute
die kleinsten Leute
das will ich alles gar nicht wissen.
Mein kleiner grüner Kaktus
steht draußen am Balkon
hollahi, hollohi, holloho
und wenn ein Bösewicht
was Ungezogenes spricht
dann nehm ich meinen Kaktus
und der sticht, sticht, sticht.
Mein kleiner grüner Kaktus ...«
(Commedien Harmonists)

37 Das ›Filou Feo Theater‹ mit der kleinsten Bühne der Welt

Es beginnt ein Programm *(Sturm im Wasserglas)* mit verschiedenen Abteilungen, wie zum Beispiel ...

Flammendes Inferno

Filou Feo kündigt eine Bearbeitung des aktuellen Katastrophenthemas an: Die kleinste Bühne der Welt mit *Flammendes Inferno.* Der Vorhang öffnet sich.

Auf der Rückseite der Kofferbühne ist eine Postkarte mit feurigen Spiralen zu sehen. Der Akteur greift zu einer Flasche und nimmt einen Schluck, läßt die Flüssigkeit im Munde hin- und herlaufen, entzündet ein Streichholz und konzentriert sich. Im Publikum herrscht atemlose Stille; in den ersten Rängen nimmt man die Köpfe ein wenig zurück oder hält die Hände schützend vors Gesicht ..., da sprudelt die Flüssigkeit drohend über das Streichholz und dieses erlischt ..., vom Wasserstrahl.

Babyrebellion – Babykonspiration
Zwei boshafte Babys konspirieren gegen ihre Mutter und geben sich eine Einschätzung der Welt und dessen, was sie erwartet. Die Aussichten sind nicht rosig. Sie werfen sich Wortbälle in Form eines sich ergänzenden Duells zu, spielen Karten und treiben die Mutter an den Rand eines Nervenzusammenbruchs, bis einem der Babys die Erkenntnis kommt: »Nicht zu viel, die brauchen wir noch.«

Zwei Reisezahnbürsten stürzen sich in den Geschlechterkampf
Auf der Bühne ein Tisch mit einer Plastikschüssel. Eine Frau tritt auf. Sie formt mit den Händen ihr Gesicht und entfaltet eine Palette von Fratzen und Grimassen, findet schließlich einen Ausdruck zwischen verführerisch und dümmlich, der ihr zu gefallen scheint. Der Ehemann im Schlafrock betritt die Szenerie, stößt die Frau zur Seite und setzt ein Plastiklächeln in Richtung Zuschauerraum auf. Die Frau kämpft um ihren Platz. Sie drängeln sich wechselseitig weg, jeder möchte sich mit strahlendem Gesicht dem Zuschauerraum hinwenden. Man beäugt sich niederträchtig und mißgünstig. Der Mann: »Gut, wie jeden Morgen! Meine Waffe!« Beide kämpfen mit Zahnbürsten; sie werden wie ein Dolch gestoßen, wie ein Schwert geschlagen und wie ein Florett gefochten. Wieder der Mann: »So, das war's für heute morgen, laß uns jetzt frühstücken.« Die Frau: »Nein, heute ist es anders, heute ist es ernst.« Ein neuer rücksichtsloser Kampf entbrennt, der Mann fällt zu Boden, will sich wieder erheben ..., es geht nicht mehr.

Ein Beitrag zum Thema Weltuntergang
Ein Mann, hoffnungslos mit dem Oberkörper zwischen Sitzfläche und Lehne eines Stuhls eingeklemmt, betritt die Bühne. Er vollführt kleine akrobatische Kunststücke und Verrenkungen, wobei er sich seiner mißlichen Lage entledigen will, scheinbar aber auch Gefallen daran gefunden hat. Auf der anderen Bühnenseite steht die Platzanweiserin mit dem weißen Häubchen. Der Mann singt: »Am dreißigsten Mai ist der Weltuntergang, wir leben nicht mehr lang« (ein bekannter Schlager aus den fünfziger Jahren). Ein steifer Herr mit Vatermörderkragen und einer Bratpfanne in der Hand tritt auf: »Was? Was habe ich gehört? Weltende? Weltuntergang? Wir leben

38 ›Filou Feo Theater‹: Zwei Reisezahnbürsten stürzen sich in den Geschlechterkampf

nicht mehr lang??? – SCHWACHSINN – Es gibt viel Schlimmeres als Weltuntergang! Jeder sieht es, hört es, fühlt es – GEFÜHL! Angst '82! Dieses emotional eingefärbte Halbwissen! Was heute mehr denn je Not tut, ist ein klarer, präziser, sezierender Sachverstand, der diese Flammen ein für allemal auslöscht. Und Faktenwissen. Und nicht diese nebulösen Emotionsfanatiker, die diese klaren Gedankengänge ständig verwirren mit ihren permanenten Gefühlsduseleien. Punkt.

Schwachsinn! Alles Schwachsinn! Neue Plätze suchen! Ha!!! Verhängnisvoller Irrtum! Irrationale Hoffnung! Ein typisches Beispiel dafür, wohin es führt, wenn man seinen halbgaren, unausgegorenen Gedanken nachgibt! Da hilft nur eins: Kopf in die Pfanne und nachgaren (legt den Kopf in die Bratpfanne, schaltet pantomisch den Herd an, macht Brutzelgeräusche). Na?? Sieht die Welt nicht schon ganz anders aus, nicht wahr?? Spüren Sie nicht auch diese angenehme Wärme, die in Ihnen aufsteigt? Doch nicht so angenehm? Kleben unsere Füße nicht schon längst am Boden fest? Hören Sie nicht auch das Brodeln und Zischen aus der Tiefe? Uns allen ist der Boden unter den Füßen längst zu heiß geworden. Wir halten es doch gar nicht mehr lange aus an einem Platz. Betrachten wir doch nur einmal die Erscheinungsformen: Wohnungswechsel, neuer Arbeitsplatz, Kurzurlaub, sogenannte Wochenendseminare in Permanenz, Polittourismus, Kneipentouren, Partnerwechsel – das sind doch ganz schön klare Zeichen! Wir sitzen alle in der Pfanne!!! Das Jüngste Gericht steht schon lange auf dem Tisch. Die Horsd'oeuvres sind schon längst gereicht. Der erste Gang sind wir! .... Schauen Sie: Wer da noch von Zufluchtsorten träumt und meint, Neuseeland bleibe verschont, hat sich aufs Schwerste getäuscht. Canada! Eine Prise Canada rundet das Ganze erst richtig ab. Borneo! Ob Borneo oder anderswo – es kommt eh alles in eine Pfanne! Die Menschen im Mittelalter waren gar nicht so dumm: Sie meinten, die Erde sei ein Teller. Nun, in einer Kleinigkeit haben sie sich getäuscht: die Erde ist eine Bratpfanne!!!«

Alle Stücke zeigen einen großen Reichtum an Akrobatik und mimischen Darstellungen, seien sie im Stil der Pantomime oder des Slapsticks angelegt. Die Gruppe hat Stücke für die Bühne und für die Straße in ihrem Programm.

Die kleinste Bühne der Welt (ein Straßenprogramm)

»Nach einem musikalischen Auftakt wird ein kleines schwarzsilbernes Zelt auf einem abgegrenzten Platz errichtet. Innerhalb der Abgrenzung: der Feuerschutzbeauftragte, die Garderobiere und der Theaterdirektor und Conferencier. Von ihm werden Paare zusammengestellt, die der Reihe nach das Zelt betreten und die kleinste Bühne der Welt erleben: Auf einer, in einem kleinen Handkoffer errichteten Bühne werden Kurzversionen klassischer Stoffe gezeigt. Gespielt wird mit Fingern oder Gegenständen des täglichen Lebens, die die handelnden Personen darstellen. Die Vorführung dauert nur wenige Minuten, danach kann das nächste Paar das Zelt betreten. Die Umstehenden erfahren nicht, was im Zelt stattfindet. Während der Vorstellung drinnen wird durch Animation versucht, den Schritt ins Ungewisse zu erleichtern.« (›Filou Feo Theater‹)

... denn sie wissen nicht, was sie tun sollen (ein Bühnenprogramm)

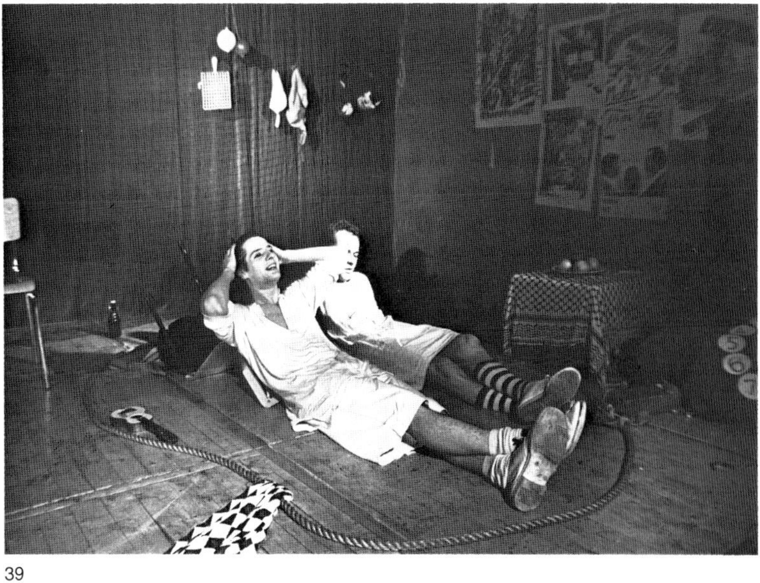

»Ein Stück über zwei Männer, die zusammenwohnen. Ausgangspunkt: Was machen wir heute abend? Die verschiedenen möglichen Antworten werden nicht nur angesprochen, sondern gespielt, bis der ganze Abend, nur mit Ideen gefüllt, totgeschlagen ist. Da die beiden die Wohnung nie verlassen, müssen die Schauplätze und Aktionen mit wenigen und immer anders verwendeten Requisiten dargestellt werden. Dabei dehnt sich das Geschehen auf den Zuschauerraum aus.

So werden im Laufe des Stückes etwa ein Besuch in der Disco, in drei verschiedenen Kneipen, der befürchtete Alltag dreier alternativer Projekte oder der Ausbruchsversuch auf die einsame karibische Insel dargestellt.« (›Filou Feo Theater‹)

Jürgen Hensen spielte bereits seit Anfang der siebziger Jahre in verschiedenen Theatergruppen und gehörte bis zu ihrer Auflösung zum Kern des Theaters ›Grande Kanaille‹, aus dem eine Reihe neuer Freier Theater hervorging. Nach dem Auseinanderbrechen von ›Grande Kanaille‹ gründete er mit Jörg Baesecke das ›Filou Feo Theater‹. Durch einen Workshop lernte Dorothea Reinecke die Gruppe kennen und blieb.

Die beiden männlichen Schauspieler von ›Filou Feo‹ leben in derselben Wohngemeinschaft und können so, im engen Kontakt miteinander, neue Ideen auch außerhalb der Probezeiten entwikkeln. Dabei machen sie auch gern Anleihen, wie etwa aus einem Fernsehfilm, wo bei einer Beichte ein fehlendes Beichtgitter durch ein Gitter aus dem Backofen ersetzt wurde. Spontan entwickelten sie daraus gemeinsam die Beziehungsbeichte mit tragbarem Beichtgitter.

Neben der Auftrittsarbeit bietet ›Filou Feo‹ Workshops an, was für das Theater, wie für viele Gruppen, auch eine wirtschaftliche Notwendigkeit darstellt. Zunächst veranstaltete man Wochenendworkshops, deren Teilnehmer weitgehend aus dem Bekanntenkreis kamen, bot aber bald längere Kurse an, da die Teilnehmerkreise sich ausweiteten und der Wunsch nach kontinuierlicher Arbeit aufkam.

Heute werden drei aufeinander aufbauende Kurseinheiten angeboten, von denen jeder einen Zeitraum von zwei Monaten mit fünfzig Übungsstunden umfaßt. Die Kurse sind nicht unbedingt darauf abgestellt, neue Schauspieler heranzubilden, sondern sollen einen tieferen, praktischen Einblick in die Theaterarbeit gewähren.

Befragt über die Zukunft des Freien Theaters, meint Jürgen Hensen, daß die Anforderungen in den letzten fünf Jahren enorm gestiegen seien. Stücke, die vor Jahren eine Sensation darstellten, würden heute im Mittelfeld liegen oder kaum durchkommen. Hierin sei ein Indiz für die enorme Entwicklung in diesem Bereich zu sehen. Dabei mag es für die Amateurgruppen manchmal schmerzlich sein, wenn die Stücke keine Resonanz mehr wegen mangelnder Qualität finden können. Eine wichtige Ursache für diese Entwicklung sieht Hensen auch darin, daß immer mehr ausgebildete Berufsschauspieler sich dem Freien Theater zuwenden.

Tanztheater

Das Tanztheater erhielt in der Bundesrepublik wegweisende neue Akzente durch die Stücke von Pina Bausch (›Wuppertaler Tanztheater‹). Sie setzte dem Lyrischen und Märchenhaften des klassischen Balletts eine an Alltagsbewegungen orientierte Choreographie entgegen, für die man inzwischen den Begriff ›Bewegungstheater‹ geprägt hat. Eine Unterscheidung zur Pantomime läßt sich am besten mit den Worten Marcel Marceaus umschreiben: »Für mich ist die Kunst des Pantomimen die Kunst der Haltung und der Tanz, allgemein das Ballett, die Kunst der Bewegung.« Doch es finden sich für dieses ›Bewegungstheater‹ außer im Ballett auch Wurzeln in der alten Pantomime der Commedia dell'arte. In den zwanziger Jahren beschäftigte sich u. a. Rudolf Laban mit menschlichen Bewegungsabläufen und Bewegungskoordinationen, die ebenfalls wichtige Grundlagen für das ›Bewegungstheater‹ wurden. Verschiedene Tanztheater haben mit ihren unorthodoxen Arbeiten eine Annähe-

44

45

Ihr Stück *Der zerrissene Planet – Das Paradies* ist eine Wanderung durch das Unterbewußtsein, in dem sich viele Träume und Ängste wiederfinden. Die Musik wird von dem Duo ›Free to Fusion‹ gemacht. Die beiden Mitglieder des Duos, Ulrik Spies und Michael Berger, haben schon in vielen Bereichen des Free Jazz Erfahrungen gesammelt.

Alpheas Tanz läßt das klassische Ballett weit hinter sich. Musik und Tanz sind gleichberechtigte Teile der Aufführung, befinden sich aber als verschiedene Pole in einem Spannungszustand, der von ihnen wechselseitig aufgeladen wird.

Ausgangspunkt ist mehrfach eine zentrierte meditative Stille, die einem Urzustand gleicht. Hieraus entfachen sich Bewegungen, die immer komplexere Formen umschreiben und allmählich wieder zu den Ruhepunkten ihrer Entstehung zurückstreben. Der Mensch, in den Raum der materiellen Existenz geworfen, durchschreitet und durchtaumelt diesen, mal von Angst und Entsetzen gepackt, mal traumhaft dahingleitend. Zeitlupenhafte Bewegungen, bizarre Körperhaltungen und eine Mimik, die der ganzen Spannungsbreite der Musik visuellen Ausdruck verleiht, schaffen außerordentlich eindringliche Klang- und Raumbilder.

Alphea tanzt in einem halbdunklen Raum. Die fließenden, kreisenden Bewegungen, die bei gesteigerter Intensität in eine abgehackte, roboterartige Körpersprache umwechseln können, werden von einem reichhaltigen musikalischen Instrumentarium getragen und geben auch ihrerseits ständig neue Impulse an die Musik. Mit Gongs, Pauken, Tempelblocks, Trommeln sowie je einem Vibraphon, Marimbaphon, Perkussion, E-Piano und Echogerät erzeugen die zwei Musiker raumgreifende Klangskulpturen, die sich im Dialog mit Alpheas Körper noch weiter entfalten.

Diese Darbietung ist sehr weit entfernt vom klassischen Tanz. Befragt, was ihr der klassische Tanz bedeutet, antwortet Alphea: »Die Klassischen sind in ein System eingesperrt. Ihre Persönlichkeit wird durch die äußere Form ersetzt. Sie vollführen einen Auftritt von Marionetten.«

Alphea, gebürtige Schwedin, absolvierte eine Tanzausbildung bei Brigit Akeson in Stockholm und arbeitete danach 15 Jahre in Paris. In Zusammenarbeit mit Hespos und Güttler unternahm sie Tourneen durch ganz Europa und wurde als Solistin und Choreographin bekannt. 1975 führte der Weg durch eine Verpflichtung des dortigen Schauspielhauses nach Bremen. Mit Kollegen entwickelte sich aus Projektstücken immer mehr eine kontinuierliche Zusammenarbeit jenseits des Schauspielhauses (siehe ›Bildertheater‹, unten). Alphea bekam für ihre Experimente in der Theaterarbeit von der Stadt Bremen ein geräumiges ehemaliges Kontorhaus zur Verfügung gestellt. Dort entstanden verschiedene Projektarbeiten mit wechselnden Besetzungen. Seit 1981 besteht hier auch eine Ausbildungsstätte für Theaterarbeit (siehe Workshops – Kurse – Seminare, S. 250 ff.).

›Bildertheater‹

Einige Schauspieler des Bremer Schauspielhauses wollten andere Formen des Theatermachens neben ihrer als sehr starr empfundenen Berufsausübung erproben. So entstand in Zusammenarbeit mit Murray Levy, einem Mitglied des ›Bread and Puppet Theatre‹, das ›Bildertheater‹, in dem auch sehr häufig Masken verwendet werden.

Alphea, Tänzerin und Schauspielerin, war von Anfang an beim ›Bildertheater‹ dabei, und ihre Arbeit wurde auch so etwas wie ein Kristallisationspunkt. Für sie ist es interessant, »in die nüchterne und sich vermeintlich kaum verändernde Alltagswelt den Einbruch des Phantastischen und Surrealen anzudeuten«. In diesem Sinne gab es über mehrere Jahre Aktionen des ›Bildertheaters‹, wobei man sehr viel auf der Straße spielte. Bei Auftritten in der Bremer Innenstadt kam es zuweilen zu spontanen Handlungen. So konnte eine Aufführung aus irgendwelchen Gründen nicht durchgeführt werden; man disponierte daher um und stellte sich mit einem riesigen Ungeheuer aus Pappmaschê auf die Straßenbahnschienen. Die Schauspieler diskutierten mit den teils empörten und teils belustigten Fahrgästen, ob man so etwas dürfe.

47

46–48 Das ›Bildertheater‹ setzt hier mit seinen archaisch anmutenden Masken einen seltsamen Kontrast zur nüchternen Geschäftswelt der Bremer Innenstadt

48

In einer anderen Aktion zeigte das ›Bildertheater‹ Verwandlungssequenzen nach der Geschichte von Alice im Wunderland. Zu dem Zweck wurde ein großes Haus vom Keller bis zum Dachgeschoß bühnenbildnerisch gestaltet. Zu einer Vorstellung oder besser Führung waren maximal 30 Leute zugelassen, denen in einer bestimmten Reihenfolge verschiedene Geschehnisse an wechselnden Plätzen gezeigt wurden.

Das ›Bildertheater‹ hat im Laufe der Jahre mit vielen Schauspielern gearbeitet. Häufig trafen sich Interessierte aus verschiedenen Städten und Ländern zu einer Projektarbeit, die sich dann über einige Tage oder Wochen erstreckte.

Das ›Mimentheater Magma‹

›Magma‹ ist ein Theater, das seine Expressionen überwiegend visuell ausdrückt. Es arbeitet mit Formen und Bewegungen; zu einigen Stücken fügen sich akustische Elemente hinzu, die in einem Spannungsfeld zum visuellen Eindruck stehen oder sich als Baustein in die Collage einfügen. Da mit dieser Form des Theaterspiels Empfindungen geweckt werden, die dem Intellekt nicht unmittelbar zugänglich sind, läßt sich für viele Inhalte einfach nur registrieren, daß sie eine starke assoziative Wirkung als eine Art Katalysator für eigene Empfindungswelten ausüben. Es scheint, als ob das Alphabet der Formen, der Farben und der Bewegungen tiefere, ursprüngliche Wahrnehmungsgeschichten berührt.

›Magma‹ beherrscht das klassische Schattenspiel ebenso wie die klassische Pantomime, bleibt jedoch nicht bei diesen herkömmlichen Stilmitteln stehen, sondern baut seine lyrisch-poetischen Bildstücke auf der Grundlage dieser Techniken auf.

Die Gruppe besteht aus zwei Darstellern, Eva Grün und Mathias Kritzel. Beide absolvierten eine Ausbildung in Mimik und Panto-

49–53 Das Mimentheater ›Magma‹ mit einem Beitrag zum Thema Partnerschaft

50

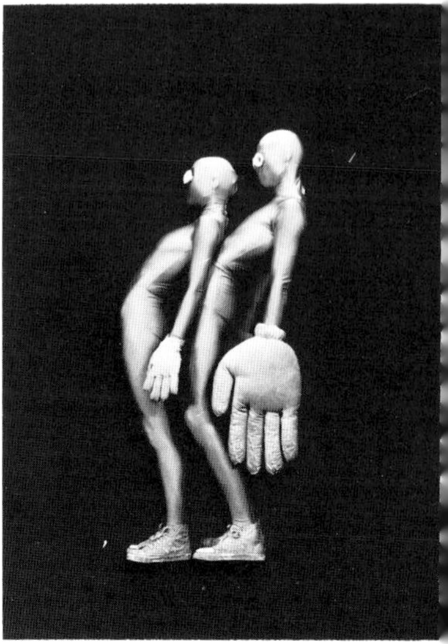

51

52

53

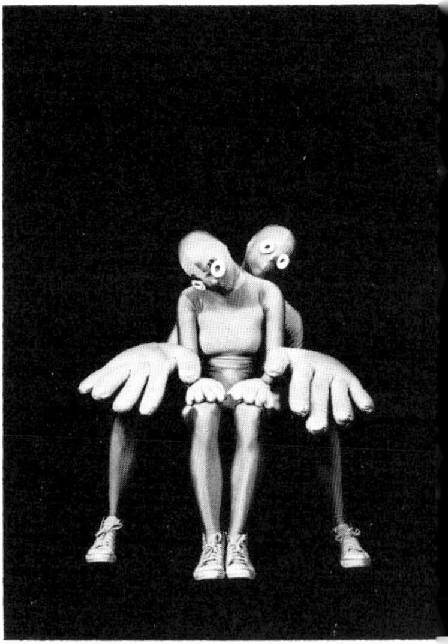

mime. Zuvor hatte Eva Grün schon ein Musikstudium und Mathias Kritzel ein Kunststudium abgeschlossen.

In einem Stück von ›Magma‹ werden in der Art des Prager ›Schwarzen Theaters‹ leicht violett angestrahlte Styroporkugeln durch einen dunklen Raum bewegt. Die Kugeln erscheinen mal als Kreisformation, mal als ein sich windendes Schlangenwesen und finden immer wieder neue Formen der Zusammensetzung. Dabei entstehen – in Verbindung mit eingespielten Windgeräuschen – sich ständig ändernde Raumbezüge. Sodann vollziehen die Kugeln eine selbstbewußte Inbesitznahme des Raumes, mal als Molekularkette, mal als Einzelobjekt. Plötzlich erscheint eine größere Kugel: ängstliches Zusammenziehen und Zurückweichen ist die erste Reaktion der kleineren Kugeln, bis sie gemeinsam versuchen, die größere zu umzingeln und einzukreisen.

Die Vorstellung besteht aus sieben Einzelstücken, die ihre eigene Choreographie haben und in sich abgeschlossen sind. Nach den einzelnen Abteilungen gibt es jeweils kleine Umbaupausen. Diese nehmen den einzelnen Stücken den Eindruck einer umfassenden Geschlossenheit, jedoch ist es auch schwer vorstellbar, daß sich die verschiedenen Darstellungen ineinanderweben könnten.

Die Vorlagen der einzelnen Stücke basieren zum Teil auf dem asiatischen Schattenspiel, auf Gestaltungsmitteln des ›Schwarzen Theaters‹ und auf den stark stilisierten Figuren des *Triadischen Balletts* von Oskar Schlemmer.

Technik ist natürlich vorhanden, wird aber nur behutsam eingesetzt. So gibt es in einem Stück eine Lichterkette, die auf der dunklen Bühne nur die Körperumrisse, ähnlich einem Strichmännchen, zeigt. Zwei Figuren vollführen einen Tanz, bei dem sie sich ineinander verweben und verknoten. Es entstehen groteske, absurde Bilder, die sich schlagartig durch Verlöschen und Aufflammen einzelner Lichter der Kette verändern: so sitzt der Unterkörper plötzlich ganz ungewohnt auf dem Oberkörper, um sich im Bruchteil einer Sekunde in einen Kopf zu verwandeln, oder die Körper werden in schlangenartig fließende Bewegungen versetzt, die sich auf die kleinen Lichtquellen übertragen und den Raum pulsierend erfüllen.

›Magma‹ sagt zu seiner Arbeit: »Hat der Begriff des ›Visuellen Theaters‹ auch einen etwas weitläufigen Beigeschmack, so trifft er doch am ehesten den Kern unserer Arbeit. Dabei geht es nicht nur um die Herstellung optisch reizvoller Bilder nach ästhetischen Gesichtspunkten der Farb- und Formgebung. Für uns ist auch eine wie auch immer geartete Verbindung mit phantastischen Elementen wichtig, d. h. wir möchten mit ungewöhnlichen Gestaltungsformen das visuelle Erlebnis des Zuschauers steigern und ihn über seine Sehgewohnheiten hinausführen. Der vorwiegend absurd-groteske oder märchenhaft-phantastische Charakter der einzelnen Nummern wird so meist schon durch eine bestimmte Ausprägung der Kostüm-, Requisiten- und Lichtgestaltung vorgegeben.

Die uns oft gestellte Frage nach dem Ursprung unserer Ideen läßt sich, wenn überhaupt, nur vage beantworten. Es gibt für uns einfach kein festgelegtes Verfahren der Ideenfindung. Jede Nummer hat ihre eigene Herkunft und ihre eigene Entwicklung der Erarbeitung. Auslöser oder Anregungen sind zunächst nur unbestimmte Anhaltspunkte, während das Endprodukt oft das Ergebnis eines langwierigen Prozesses der experimentellen und spielerischen Auseinandersetzung ist.

Ob es Bereiche des Schattenspiels oder des ›Schwarzen Theaters‹ sind, ob es darum geht, mit überdimensionalen Tüchern fertigzuwerden oder mit den Problemen der Nutzung von Projektionsmöglichkeiten, immer bedeutet unsere Arbeit ein permanentes Erforschen, Entdecken und Ausprobieren innerhalb einer auch für uns zunächst fremden Materie.

Was dann schließlich zur Aufführung gelangt, ist in der Regel eine komprimierte Auswahl aus der Vielzahl eigener Spielereien, Assoziationen und Gedanken, die während der Vorarbeit zustande kommen.«

Das Musiktheater ›Mathom‹

›Mathom‹ formte sich nach dem Vorbild der ›Crazy Marching Band‹ zum Musiktheater. Die neun Akteure sind echte Autodidakten, denn sie haben sich weitgehend selbst in Musik und Theaterspiel hineingearbeitet. Es begann 1978 mit einem gemeinsamen Laden, der ›Mathom‹ hieß. Bald zogen sie zusammen aufs Land; ein großes Bauernhaus wurde renoviert und ist seitdem Lebensmittelpunkt und Probenort.

In ihrem ersten Theaterstück *Zug der Lemmlinge* versuchte die Gruppe, eine Bestandsaufnahme der Menschheit zu erstellen. Die Inszenierung enthielt noch keine Musikelemente, wohl aber erprobte man den Einsatz multimedialer Mittel wie Diaprojektion und Film.

Vor dieser Produktion sammelten einige Akteure Straßentheatererfahrungen; ansonsten hatten die Mitglieder weder Theaterworkshops, noch ähnliches durchlaufen (man veranstaltet mittlerweile allerdings eigene Workshops). Mit einem sehr gesunden Selbstvertrauen gelang es der Gruppe, sich in relativ kurzer Zeit eine erstaunliche Professionalität anzueignen. Nach dem *Zug der Lemmlinge* nahm sie nach und nach immer mehr Musikelemente in ihre Stücke auf. Es gab Gastspiele an vielen Plätzen der Bundesrepublik sowie in Österreich und der Schweiz.

Die gleichberechtigte Erarbeitung der Stoffe durch alle Gruppenmitglieder war immer wieder mit ziemlichen Schwierigkeiten verbunden, da die Zielvorstellungen trotz gemeinsamen Lebens und Arbeitens teilweise sehr unterschiedlich blieben.

Das ›Mathom‹ durchsetzt seine Sketches und Parodien zunehmend mit zündender Rockmusik und entwickelt mittlerweile ein Strickmuster daraus, womit es Gefahr läuft, in das Gleis eines einfachen Rocktheaters zu geraten, in dem sich dramaturgische Abläufe nicht mehr mit der Musik zugunsten einer neuen Darstellungsebene mischen, sondern Musik und Sketches vielmehr den Charakter von Einlagen annehmen, die sich beliebig aneinanderreihen lassen.

54–55 Das Musiktheater ›Mathom‹ mit der facettenreichen Musikrevue ›Mathocalypso‹

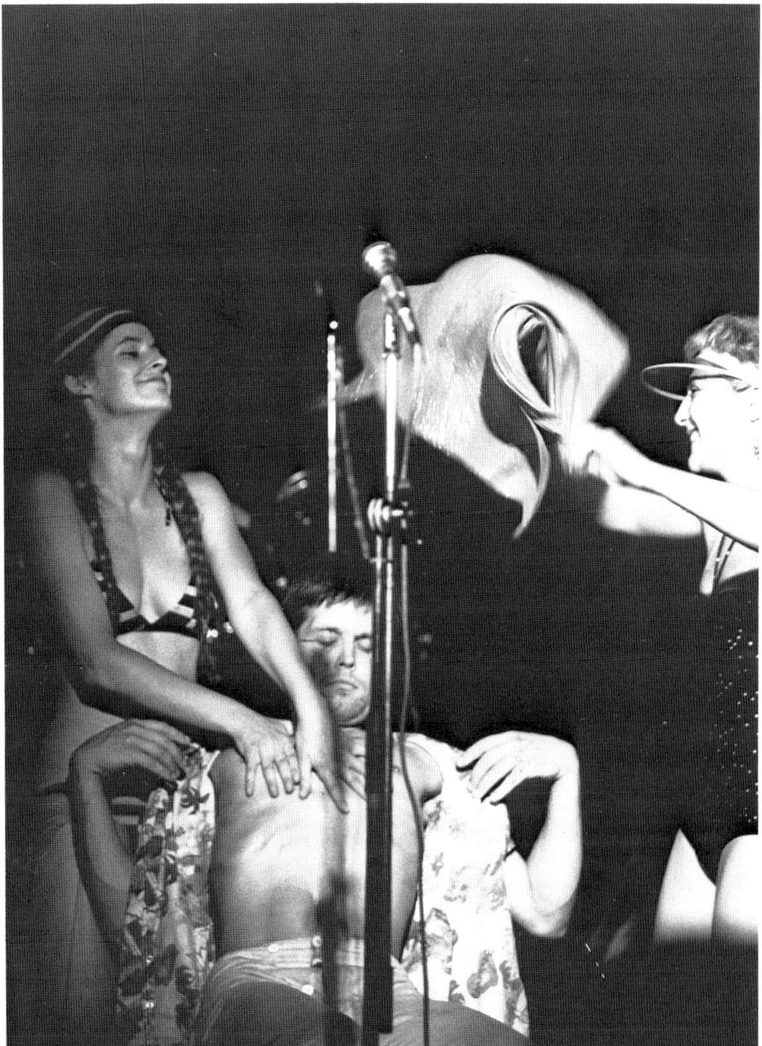

»In dem Stück *Mathocalypso* geht es thematisch um ›Macht‹ im weitesten Sinne: als historisch-ironische Szene am Hofe Karls des Großen (ein Zwerg), in der sich Wahrheit und Fiktion bunt vermischen; als Persiflage bei ›König Arthur‹ und seinem Schwert der Macht, mit der ›Heavy-Metal-Gruppe‹, ›The Ätzkalibuam‹ oder als Groteske im ›Westfälischen Frieden‹ im Stile einer Abrüstungsverhandlung. Auch aktuelle Beiträge zu Bundeswehr, Atom- und Kriegsangst finden ihren Platz in der Show, die eine Mischung aus Theater, Slapstick und Live-Musik ist. Unterstützt wird die Handlung durch den Gebrauch von Masken, Kostümen und vielfältigen Requisiten.« (›Mathom‹)

Das Multimedia Theater ›M²T‹

›M²T‹ schafft durch ein synchrones Zusammenspiel von Bild, Körper, Licht und Musik ungeahnte Bezüge des physischen und psychischen Raumes. Marion Dulau (Choreographin) und Leo Lorez (Regisseur) versuchen, in Zusammenarbeit mit Technikern, Musikern, Fotografen und Tänzern neue Dimensionen in der Darstellung mit multimedialen Mitteln zu erschließen.

Das Stück *Allein* zeigt die sprachlose Odyssee eines Menschen von mythischen Vorzeiten bis in die Welt einer futuristisch zukünftigen Übertechnik. Das rein optische Theaterstück setzt sich aus folgenden Medien zusammen:

1 Diaprojektion
2 Bewegungstheater
3 Musik
4 Lichtgestaltung.

Aus einer Diaproduktion, die einen Menschen in einer urtümlichen Landschaft zeigt, tritt dieser eine Irrfahrt an. In deren Verlauf

56–64
Das Multimedia-Theater ›M^2T‹ erzeugt mit Diaprojektionen einen außerordentlich verdichteten Ereignisraum visuellen Erlebens

Energie, Materie, Raum...
Eine Seinsebene entsteht

Ein Geschöpf erkundet die Dimensionen seines neuen Daseins

beginnt sein Wesen zu begreifen

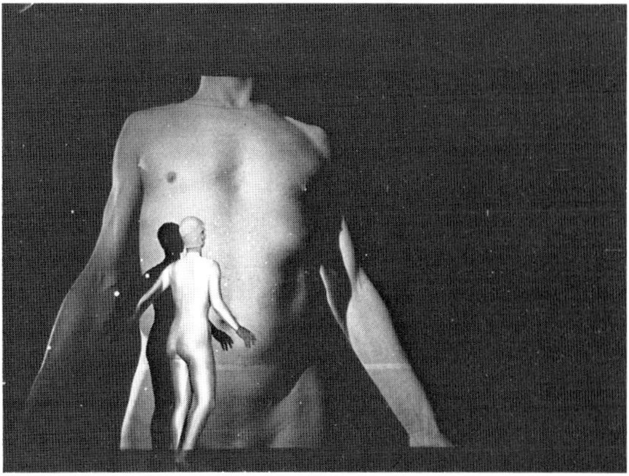

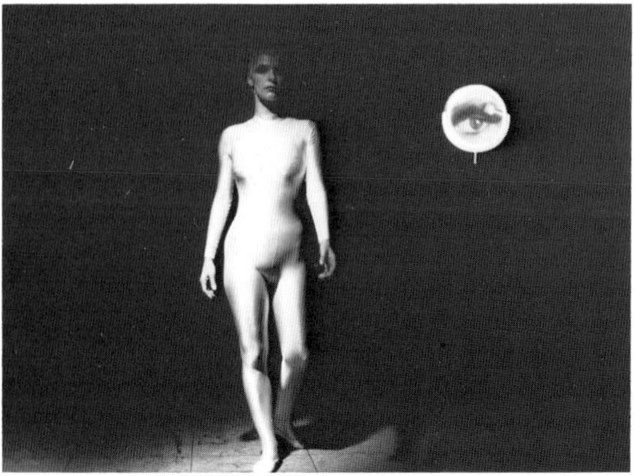

erreicht neue Räume
zukünftigen
Schicksals . . .

wird sich seiner
Existenz
zunehmend bewußt . . .

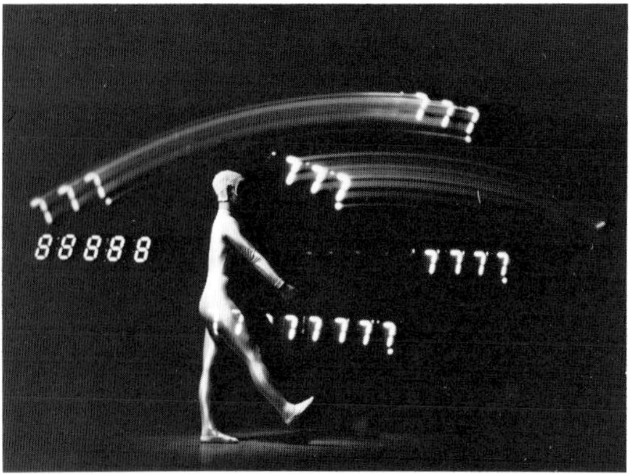

geht einer ungewissen
Zukunft
entgegen . . .

erreicht die Räume
der modernen Welt . . .

Die selbst erschaffene
Welt
gerät zum riesigen
Gefängnis . . .

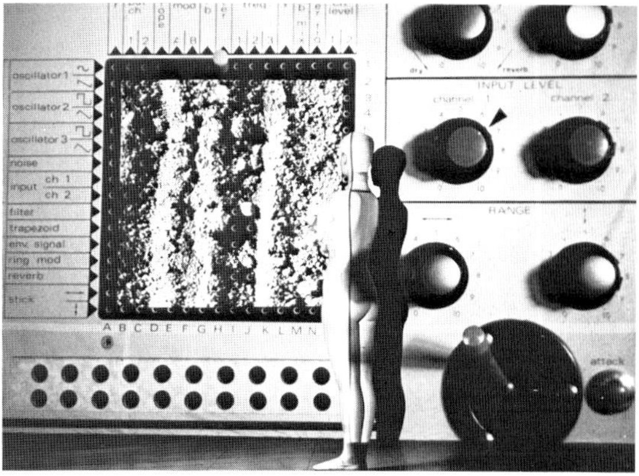

aus dessen Baustei-
nen der
Weg heraus erschaf-
fen werden muß!

vermag er schließlich die Geister, die er rief, nicht mehr zu bändigen.

Der Mensch, der zunächst nur auf dem Projektionsbild zu sehen war, befindet sich plötzlich im Raum, beginnt einen mystisch-beschwörenden Tanz, der scheinbar die der Materie zugrunde liegenden Geheimnisse in Formeln und Symbolen aufsteigen läßt. Das Wechselspiel der Kräfte beginnt. Die Kräfte, die der Mensch erweckt, wirken auf ihn zurück und provozieren ihn ständig zu neuem Handeln. Bilder einer vertrauten Natur verändern sich immer mehr zu formstrenger Geometrie.

Die Figur des durch Raum und Zeit eilenden Menschen wird getanzt; die Projektionsbilder erscheinen in komprimierter Dichte; als weiteres Darstellungsmedium kommt Musik hinzu, und alle Medien stehen in einem Dialog zueinander.

Fast filmisch aufeinander abgestimmt, kommen die Dias aus sechs gekoppelten Projektoren, die durch Überblendungen sanfte Übergänge möglich machen. In der von den Dias erzeugten Bilderwelt tanzt der Mensch (Marion Dulau) in einem weißen Trikot. Jedes Bild hat im Vorfeld der Projektionsfläche seine besonderen Lichträume, die auf dem Trikot reflektiert und von der Tänzerin erschlossen werden. Ihr Tanz steht im Dialog mit dem projizierten Bild, der Musik und eben diesen Lichträumen, eine Ausdrucksform, die eine starke Verdichtung des Ereignisfeldes provoziert.

Nachdem sich die ursprüngliche Landschaft in geometrische Gebilde wandelt, die mit Symbolen wie etwa X, Y, Z versehen sind, führt der Weg immer schneller und geradliniger in eine übertechnisierte Welt. Häusertürme, Straßenschluchten, gigantische Computersysteme durchtanzt und durchhastet der Mensch und flieht vor der endgültigen Vereinnahmung, sucht Maschen zur Flucht aus dem immer enger werdenden Netz. Kaum glaubt er an einem vermeintlichen Ruhepol angelangt zu sein, entwickelt sich dieser zu neuen Schrecken.

Der Mensch irrt durch die starre Landschaft der Technik und deren Ordnungsschemata, verstrickt sich auf der Suche nach Auswegen immer tiefer in die Struktur dieser Maschinerie, die ihn zu gern nach ihren Gesetzen funktionieren lassen möchte. Die Fluchtwinkel werden immer enger. So ist es nur noch eine Frage der Zeit, wann die Maschinerie dem Menschen endgültig ihre Gesetzmäßigkeit aufzwingt, wann das vom Menschen einst beschworene Geschöpf seinen Schöpfer verschlingt. An diesem Punkt wendet sich der Mensch wieder seinem Ursprung zu, kehrt zum Ausgangspunkt zurück und verschwindet im Bild der urtümlichen Landschaft.

Solch eine Verdichtung des Erlebnisraumes ist wohl in dieser Intensität und Fülle nur mit multimedialen Mitteln möglich, die in dem geschilderten Stück noch relativ sparsam eingesetzt sind. Neben den sechs Diaprojektoren mit einigen tausend Dias, die allerdings sehr aufwendig aufeinander abgestimmt sind, gibt es nur die Tänzerin und die Musik, die aus Geräuschen, elektronischen Tönen und Anklängen aus Rockstücken montiert ist.

Der zerbrochene Kopf

Dieses Stück ist mit den gleichen multimedialen Mitteln inszeniert worden.

»Straße. Die Realität wird zu einer Vision. Ein Kopf hat sich von seinem Körper getrennt. Der Körper versucht, seinen Kopf wieder einzufangen.

Es entsteht eine Auseinandersetzung zwischen Kopf und Körper. Der Kopf zwingt den Körper in die Zeit-Raum-Sphäre und der Körper den Kopf in die Bewegung seiner Emotion. Ihre jeweilige Unnachgiebigkeit findet ihren Höhepunkt im physischen Duell zwischen Kopf und Körper. Der Schock dieses Höhepunkts führt zur Einheit. Eine Einheit durch Toleranz und Respekt. Die Einheit verläßt die Vision, und die Vision wird zur Realität Straße.« (›M^{2}T‹)

Der zerbrochene Kopf war als Beitrag des ›M^{2}T‹ zu einer gleichnamigen Ausstellung in der Hamburger Kunsthalle über den Beginn des Kubismus gedacht.

Mit einem anderen Stück, dem multimedialen Tanzprojekt *Verdammt nochmal* unternimmt das ›M^{2}T‹ den Versuch, »den Tanz vom Ballett zu abstrahieren, d. h. den Tanz mit der Vielfalt seiner Ausdrucksmöglichkeiten auf ein futuristisches Gleis der achtziger

Jahre zu lenken«. Das einstündige Stück besteht aus drei Abteilungen.

I. Teil: Einheit
Irrationalität und Rationalität brechen aus ihrer »Einheit«, der Buddha-Figur, aus. In der Auseinandersetzung wird der Mensch zum passiven Betrachter. Die Irrationalität und die Rationalität kehren zu ihrer »Einheit«, der Buddha-Figur, zurück.

II. Teil: Der Mensch

Tradition	– Patriarchalisches Gesetz
Existenz	– Emotionaler Machtkampf (Mann – Mann, Mann – Frau, Frau – Frau)
Normalität	– Gesellschaftlich erwünschtes Zusammenleben Mann – Frau (Konfliktfrage)
Submoralität	– Emanzipatorische Motivation
Ohnmacht	– Gesellschaftliche Machtstruktur (big brother)
Individuum I	– Mannmythos
Individuum II	– Frau – Befreiung
Sex	– Ausbeutung, Ausbruchsversuch
Liebenswert	– Erzieherischer Rückfall
Reflexion	– Spiegel des Geschehens im Zeitloch
Tradition	– Patriarchalisches Gesetz

III. Teil: Einheit
(wie I. Teil)
›M^2T‹ versuchte mit diesem Stück, die choreographische Räumlichkeit noch stärker multimedial zu erweitern.

Gespräch mit Leo Lorez vom ›M^2T‹

Was ist Multimedia?
Nimm ein Medium, gib ein anderes Medium dazu, vermisch beide gut miteinander und schon hat man Multimedia. Stell das ganze vor ein Publikum, und man darf das Multimedia-›Theater‹ nennen.

Was ist denn für Dich Multimedia?
Keiner weiß so genau, was Multimedia ist, und viele machen sich einen solchen Namen zu eigen, denn ein Kind ist da, und ein Name muß her.

Erwin Piscator, Kurt Schwitters und andere haben schon vor dem Zweiten Weltkrieg Projektionen verwendet. Sie haben mit der neuen Technik das Theater angereichert. Ihr Ziel blieb jedoch weiterhin, Theater zu machen. Erst in den fünfziger Jahren konnten sich die verschiedenen eingesetzten Mittel und Medien vom Theater lösen und eine Eigenständigkeit entwickeln.

Das gleichberechtigte Nebeneinander von unterschiedlichen Medien im Rahmen einer künstlerischen Produktion kreierte vor 25 Jahren den Begriff ›Multimedia‹, just in diesem Moment, da die moderne Medienkommunikation unsere Sehgewohnheiten beeinflußt hat. Diaprojektionen, Fernsehen, Film, Video und neue Tontechniken haben ein Arbeitsfeld für multimedial Interessierte geschaffen.

Welche Bedeutung hat dabei das einzelne Medium?
Die Feststellung Marshall McLuhans »the medium is the message« beinhaltet, daß ›the medium‹ etwas Eigenständiges ist, sozusagen ein Objekt. Seit Picasso wissen wir, daß jedes Objekt mit einem anderen Objekt zu verbinden ist und eine neue Dimension gibt. Dem ersten Anschein nach wirkt es nicht harmonisch; dadurch entsteht beim Betrachter das Gefühl von ›das kann ich auch‹. Hierin liegt einer der größten Reize von Multimedia, aber auch eine seiner größten Schwierigkeiten.

Warum Schwierigkeit?
Verschiedene Medien miteinander in Verbindung zu bringen, ist keine Schwierigkeit, doch dabei gleichzeitig einen Inhalt zu vermitteln, ist eine andere Sache. Auf die Technik allein kann man sich nicht verlassen.

Für die Projektionen verwendet Ihr Diageräte. Ist es nicht einfacher, Film zu benutzen, statt den Ablauf von Hunderten von Dias zu steuern?

Ich werde öfters gefragt, warum ich keinen Film benutze, denn damit hätte ich nicht soviel technische Schwierigkeiten. Schließlich arbeiten wir mit mehreren Diaprojektoren, also mehreren Fehlerquellen, und Filmprojektoren seien doch viel ausgereifter. Und genau hier liegt die Antwort: Wenn ich einen Bewegungsablauf habe und den mit Diaprojektoren wiedergebe, so habe ich eine unvollständige Bewegung. Genau diese Unvollständigkeit gibt mir die Möglichkeit, ein anderes Medium zu integrieren. Ich brauche gerade die ›Löcher‹, die in einem Dia-Bewegungsablauf vorhanden sind, um sie mit einer realen Aktion auffüllen zu können. Wenn ich außerdem das Ganze noch mit Lichtschaltungen und mit Ton – wie Geräusche und Musik – unterstütze, hat der Betrachter das Gefühl der Einheit.

Sollen die Medien miteinander harmonisieren, eine Einheit bilden?
Ich kann jedes Medium mit jedem anderen harmonieren oder disharmonieren lassen. Eien Art ›Brechtscher Verfremdungseffekt‹ entsteht z. B., wenn ich von einer ›Frontprojektion‹ auf eine ›Rückprojektion‹ umschalte und die reale Aktion integriere oder vervollständige. Ich kann mit dem Ton die Aktion unterstützen, oder ich kann ihn als eigenständiges Medium hervorheben. Die Dramaturgie eines Stücks bestimmt, welches Medium wann, wo und wie eingesetzt wird, ohne daß die Gesamtheit verlorengeht.

Zurück zur Ausgangsfrage: Was ist Multimedia?
Multimedia ist ein Spiel mit Medien. Jedes Medium muß neu analysiert und definiert werden. Dieses ist wiederum nur möglich, wenn man diese Medien, mit denen man arbeitet, voll und ganz beherrscht. Theater, Tanz, Projektionen, Lichtgestaltung und Akustik müssen Objekte werden, damit man sie zusammenfügen kann. Ob man überhaupt noch von Multimedia-Theater reden kann und soll, ist eine andere Frage. Vielleicht sollte man von multimedialen Objekten sprechen.
(Februar 1982)

Putzlappen gestaltet war. Der Regentropfenwald im Westen bestand aus herunterhängenden Papierstreifen, auf denen die Leute, die sich zum Mitmachen animiert fühlten, ihre Träume malten oder schrieben.

Wenn etwas fertig war, wurde es durch Feste gefeiert. Im Norden gab es eine Landschaft von Phantasiebuchstaben. In der Geschichte des Fliegenden Holländers wird erzählt, daß Seeleute, die ihn sahen, Post von ihm bekamen, allerdings war die Post an ihre Vorfahren, die schon dreihundert Jahre verstorben waren, gerichtet. Wir haben dann die Zuschauer-Mitspieler stets Zettel an ihre Vorfahren schreiben lassen. Die Briefe, es waren Hunderte, waren manchmal wirklich phantastisch. Von den Leuten wurden Zettel zu den verschiedenen Bereichen geschrieben.

Dann tauchte die Frage auf, wie der Fliegende Holländer zur Ruhe kommen kann, und es wurde die Reise in das Land des Regenbogens gestaltet. Gemeinsam malten wir einen großen Regenbogen. Die Gruppe las die ganzen Vorschläge dazu vor, und es zeigte sich, daß diese Geschichte mehr Symbolik hat als nur das Plakative. Das Spiel ging über neun Tage und war sehr intensiv. Zwischendurch ließen wir einen riesigen Flugdrachen steigen. Es war das Setzen des Segels. Dieses ›Segel‹ des Fliegenden Holländers hatte eine Fläche von 240 qm und wurde von vielen Leuten an vier Trossen gehalten.

Was sind das für Leute, die Ihr da zum Mitspielen und Mitmachen anregt?
Das ist sehr verschieden und hängt natürlich davon ab, wo und zu welchem Anlaß gespielt wird. Als wir den *Fliegenden Holländer* in Bremen anläßlich eines Kulturfestes veranstalteten, machten viele Leute aus der Gegend mit, und es trafen verschiedene Generationen zusammen. Einige kamen über Tage wieder, was eine Entwicklung sichtbar machte. Erwachsene und Kinder malten Bilder oder erzählten Träume.

Wie setzt sich Euer Maskentheater zusammen?
Es besteht eine Kerngruppe von sechs bis acht Leuten, bei größeren Projekten kommen schon manchmal 15 bis 20 Leute zusammen.

66 Der erste Kontakt mit einer neuen Maske vermittelt dem Spieler deren Identität

67 Die Herstellung einer größeren Maske erfordert einiges an Geschick und technischem Wissen (Maskenbau-Werkstatt auf dem Scheersberg)

68 Maskenimprovisation während eines Workshops auf dem Scheersberg

Wir treten unter dem Namen ›Donner und Witz‹ und ›Atelier zu den vier Winden‹ auf. Da ich häufig Workshops für Maskenbau veranstalte, gibt es an interessiertem Nachwuchs keinen Mangel.

Spielt Ihr ausschließlich mit Masken?
Die letzten Spiele waren reines Maskentheater, davor hatten wir Mischformen.

Was fasziniert Dich am Spiel mit der Maske?
Irgendwas hat die Maske an Tiefe, was ihren Träger vollkommen verwandelt, man kann sich hinter ihr verbergen; andererseits offenbart sie den Träger in einer unglaublichen Direktheit, macht ihn erst sichtbar. Ich empfinde immer wieder den Moment, in dem eine neue, gebaute Maske durch das Spiel zum Leben erweckt wird, als etwas sehr Besonderes. Es liegt eine ungeheure Intensität darin, und es rührt mich auf, vielleicht auch weil der Spieler in diesem Moment sehr ehrlich etwas von sich zeigt, was ja sehr selten ist.

Es geht mir hierbei aber nicht um irgendeinen therapeutischen Prozeß, sondern um das Gestalten. Wenn es hier für die Leute einen therapeutischen Wert gibt, ist es gut, es ist jedoch nicht mein Handwerk und nicht das, was mich interessiert. Viele Leute sind durch die Profanisierung psychoanalytischen Gedankenguts völlig auf einer psychologischen Deutungsebene, und es ist sehr schwer, sie davon herunterzubekommen. Die laienhafte psychologische Situation ist dermaßen oberflächlich und eindimensional, daß die Vieldeutigkeit, die in einer Maskenfigur enthalten ist, überhaupt nicht mehr sichtbar wird. Wenn man zum Beispiel sagt, das ist mein Lehrer oder mein Chef, dann ist jede Tiefe heraus. Das ist auch der Grund, weshalb ich beim Theaterspiel immer mehr von den realistischen Figuren weggegangen bin. In den realistischen Merkspielen engt man sich ein, reproduziert nur Klischees oder vorhandene Bilder. Dabei ist es viel spannender, neue Bilder zu entdecken, Figuren, die sicher aus etwas Realistischem in ihrer Idee gespeist sind, aber in ihrer Gestaltung dann weitergehen, und plötzlich entdeckt man, daß noch viel mehr dahintersteckt.

Welche Wechselwirkung empfindest Du zwischen Maske und Maskenspieler?

Ich reise häufiger zu Orten, an denen Maskentradition noch lebendig ist, wie etwa in der Basler Fastnacht. Wenn man dann konsequent Tage und Nächte in einer Figur spielt, merkt man schon, was in ihr drin ist. Beim Theaterspiel ist man vielleicht ein bis zwei Stunden in der Maske; lebt man aber über Tage in einer Figur, dann ist das schon etwas anderes. Da ändert sich der Gang vollkommen, und man macht nur das, was der Figur möglich und angemessen ist.

Bei manchen Indianerstämmen beispielsweise wird sehr lebendig mit der Maske umgegangen. Das Maskenspiel ist in ihren ganzen sozialen Zusammenhang integriert, und bei jedem Fest tritt ein Maskentänzer auf. Dieser Weg interessiert mich, durch ein Zeremoniell in einen anderen Spielrhythmus zu kommen. Es ist etwas anderes, als üblicherweise bei uns unter Theater verstanden wird. Ich baue sehr viele Masken und habe bei jeder Figur wieder etwas Neues entdeckt. Je mehr ich mich dem öffne, was als Idee und Form Raum haben will, um so mehr wird es auch für mich stimmig.

Es geht für mich nicht darum, daß man die Maske führt, sondern von der Maske geführt wird, und es geht um diesen Schritt, sich selbst vollkommen in etwas hineinzuverwandeln und nicht zu sagen, ich will, daß die Maske so oder so ist, sondern die Maske will, daß ich so und so bin. Das ist natürlich ein Schritt, der uns aufgeklärten Menschen einerseits sehr schwer fällt und andererseits sehr erschreckt.

Weshalb übt eine Maske auf viele Menschen eine tiefere Wirkung aus?

Ich glaube, die Maske hat etwas mit Tod zu tun, weil das erstarrte Gesicht an den Tod erinnert, zugleich ist sie aber auch immer wieder Inbegriff für neues Entstehen. Erst wenn eine Form erstarrt ist, kann die nächste Form entstehen. Beim Spiel auf der Straße habe ich immer wieder erlebt, daß man ein Publikum mit sehr minimalen Spielaussagen sehr stark interessieren kann. Die Maske hat schon eine Wirkung in sich. Irgendetwas muß die Menschen da sehr tief ansprechen, aber was das ist und wie das heißt, kann ich auch nicht sagen.

Welche Verwendung findet die Maske im heutigen Freien Theater?
Die Masken im Freien Theater werden häufig sehr oberflächlich genutzt, was auch daran liegen mag, daß es oft ein Problem darstellt, nicht zuviel experimentieren zu können; man wendet sich an eine bestimmte Zielgruppe, und es ist schwer, da herauszukommen.

Macht eine Gruppe etwas ganz anderes, ist das Stammpublikum enttäuscht, was für die Gruppe schon eine Abhängigkeit bedeutet. Dann gibt es auch Gruppen, die vielleicht einen stärkeren gesellschaftlichen Ansatz haben und Masken benutzen. Dieser Ansatz ist zunächst für mich in der Maske gar nicht drin. Kommt man mehr vom Ursprung, hat die Maske im weiteren Sinne etwas Religiöses, was sich in solchen Stücken nicht wiederfindet. Da ist für mich die Maske sehr profanisiert.

Es gab 1980 eine internationale Theaterwerkstatt auf dem Scheersberg zum Thema ›Theater und Masken‹, wo sehr verschiedene Leute mit Theater und Masken experimentiert haben. Verschiedene Werkstätten arbeiteten parallel in einer sehr intensiven Erfahrungs- und Austauschsituation. Es zeigte sich, daß die Maske als Mittel im Bereich des Freien Theaters einen sehr starken Reiz hat, sie aber häufig degradiert und reduziert wird als Stilmittel. Sie hat eine Eigendynamik, die auch an den theatralischen Verlauf Anforderungen stellt.
(Juni 1982)

›Clean Ex‹ – eine Projektarbeit der Spielstätte Dankerrt

In der Raummitte ein großer Glaskasten, darin eine Frau. Rundherum Stühle und Tische; einige Personen haben dort Platz genommen. Szenarium eines Cafés. Die Personen reden, reden davon, was sie schon immer machen wollten, versuchen miteinander eine Unterhaltung zu führen – monologisieren, faseln in ständig wiederkehrenden Vierzeilern und enden in einem Sprachchaos. Die Frau im Glaskasten schaut zu – entwickelt den Wunsch, nicht mehr zu sprechen. Projizierte Diabilder schweben im Raum, reflektieren in

69 Das Projektstück ›Clean-Ex‹ in der Spielstätte Dankerrt (Hamburg). Inmitten des Vorführraums ein Glaskasten als symbolisches Requisit für Isolation und Vereinsamung

den Glaskasten hinein, spiegeln sich mehrmals in den Wänden, schaffen mehrdimensionale Raumbezüge. Die Frau im Glaskasten spricht das biblische Hohelied von Salomo, ein Lied von der verzweifelten Suche nach Liebe.

Clean Ex ist ein Stück über Isolation und Vereinsamung, über vergebliche Suche nach Liebe und menschlicher Wärme. Grundidee war die Geschichte einer Frau, die aufgrund der Umwelteinflüsse nicht mehr sehen, sprechen und hören will und sich vollkommen zurückzieht.

Um solche außergewöhnlichen Dimensionen der Psyche theatralisch zu verdichten, wurde der Glaskasten mit einer Spezialfolie bespannt, die je nach den Relationen der Lichtstärke innen und außen die Umgebung spiegelt oder vollkommen durchscheinen läßt, wobei alle Zwischenstufen möglich sind. Die Dias wurden von drei Seiten auf die Deckenprojektionsflächen projiziert und von dort auf die Wände des Glaskastens reflektiert.

70 Die Zuschauer spiegeln sich im Glaskasten und werden dadurch visuell in das Spiel miteinbezogen

Das ›Einmanntheater Gotthardt Kuppel‹

Gotthardt Kuppel arbeitete als Arzt in verschiedenen Bereichen der Medizin, bevor er enger mit dem Theater in Berühung kam. Eine Reise im Jahre 1975 zu einem Freund nach Bochum sollte sein bisheriges Leben grundlegend verändern. Der Freund arbeitete am Bochumer Schauspielhaus unter der Regie von Peter Zadek, und dieser suchte für die Rolle eines Notarztes einen Schauspieler. Gotthard Kuppel sprang ein, blieb einige Zeit und spürte: was hier geschah, bewegte und berührte ihn in seinem Menschsein viel tiefer als der bisherige Beruf.

Freunde rieten ihm, die Schauspielerei weiter zu verfolgen. Er blieb eine Spielzeit, spielte den Notarzt und war eine weitere Spielzeit (1978/79) mitverantwortlich für das Nachtprogramm des Schauspielhauses. Es war die bewegte Zadek-Ära, man experimentierte mit sehr verschiedenen Theaterformen, vieles war im Fluß, eine anregende und aufregende Welt für jemanden, der gerade näher an das Theater herantrat.

Mit Unterbrechungen führten Gotthardt Kuppels Wege immer wieder in die Welt des Theaters. Er schrieb ein Stück für zwei Personen, fand aber keinen passenden Partner. Nach längerer Suche traf er auf einen jungen französischen Schauspieler, der sich seine Idee vorlesen und vorspielen ließ. Dieser erklärte entschieden, das Stück brauche keine zweite Person. Was da geschehe, lasse sich am wirkungsvollsten allein ausführen. Freunde unterstützten diese Einschätzung, und so probte Kuppel unter den Augen von Freunden und anderen Schauspielern, bis sein erstes Einmannstück fertiggestellt war.

Inzwischen hat das Einmanntheater Gotthardt Kuppel eine ganze Anzahl von Stücken in seinem Programm. Die Palette reicht vom Mitmachtheater für Kinder bis hin zu bissigen und makabren Inszenierungen, die engagierte Zeitkritik enthalten und viele Formen von Daseinsängsten enthüllen.

Wie der Arzt auf den Patienten kam

»Insgesamt ist das Krankheitsbild
gleichgeb   lieben«
las der Arzt in der Krankengeschichte
die er selber geschrieben hatte
Nur ein Schreibfehler?
Wer war Gleichgeb?
Warum ist krank, wer ihn liebt?
Der Arzt las nochmal
es war eine ganz gewöhnliche Krankengeschichte
in Eile geschrieben
und ohne Liebe
wie wir das kennen
und man liest sie so weg
ohne Rücksicht auf Schreibfehler.
Insgesamt war das Krankheitsbild
gleichgeb   lieben.
Der Arzt las sich durch sämtliche Krankengeschichten
und wurde krank.
Als er versuchte,
auf der Bank Geld zu holen und einen Scheck
den er mit Dr. Gleichgeb unterschrieben hatte
wechselte er den Beruf
und wurde Patient.«
(Gotthardt Kuppel)

Kuppels erste Produktion hieß *Der Mehrschein* und wurde am Bochumer Schauspielhaus uraufgeführt. Es ist ein Stück von der Angst und Einsamkeit eines Artisten, eines verlorenen Langstrekkenläufers, der voller Spannung und Zweifel die Stationen des Lebens abhetzt. Aber wohin er auch kommt, nach kurzen Momenten des Triumphes und der Genugtuung begegnet er immer nur der eigenen Angst.

Der äußeren Handlung zufolge wird dem Artisten von seinem Zirkusdirektor aufgetragen, von nun an den Clown zu spielen, da seine alte Nummer nicht mehr zugkräftig sei. Es folgen die traurigernsten Bekenntnisse des Artisten, der zum Clown wird.

Textauszüge von verschiedenen Schriftstellern werden vorgetragen oder vom Tonband eingespielt, vermischen sich durch artistische und mimische Aktionen zu skurrilen Collagen vom Langstrekkenlauf des menschlichen Lebens. Immer wieder folgt die Darstellung unerwartet einer neuen Spur, die sich aber bald als die alte herausstellt und wieder mehr einatmen als ausatmen läßt.

So spricht der Allein-Akteur nach dem besagten Anruf des Zirkusdirektors Sätze aus *Die Einsamkeit des Langstreckenläufers* von Alan Sillitoe. Dabei verläßt er die Bühne und geht ins Publikum. Mit Beendigung des Textes kehrt er auf die Bühne zurück, einige Zirkuszeitungen in der Hand haltend. Komische Nummer! Die Zeitungen knallen auf den Tisch, ein Lachsack ertönt. Der Artist schaut in seinen Schminkspiegel, begleitet das Lachen mimisch und bricht resigniert ab. Hohnvoll tönt der Lachsack weiter. Der Artist sucht verzweifelt in den Zeitschriften nach einer Idee für die ihm aufgetragene ›Komische Nummer‹. Sobald der Lachsack abgelaufen ist, zieht er ihn neu auf.

Beim Lesen legt er die Füße auf den Tisch und kippelt mit dem Stuhl nach hinten, verliert das Gleichgewicht, kann sich nicht mehr fangen. Verärgert setzt er sich wieder, beginnt aber den Vorgang langsam zu begreifen. Die Idee für die ›Komische Nummer‹ scheint gefunden. Der Artist übt das Umfallen mit dem Stuhl.

Lichtwechsel –: Bestückt mit Tropenhelm und Schaufel, beginnt er bei mystischer Musik zu graben, schaufelt einen kleinen goldenen Stuhl frei, dem ein Bein fehlt. Der kleine Stuhl dient als Vorlage für einen größeren, dem pantomimisch ein Bein abgesägt wird. Eine artistische Einlage mit dem Requisit endet als Sturz.

Licht aus – Lachsack an – Licht an: Der Artist liest breit grinsend in der Zirkuszeitschrift. Er stopft Kekse in sich hinein, der Vorgang verselbständigt sich, er gerät in einen Rausch. Durch akrobatische Übungen löst er sich daraus, liest dann im Kopfstand einen psychologischen Text über zwanghaftes Verhalten vor. So gerät er immer wieder in die eigene Angst, bezeugt aber auch die Tatsache: wo Angst ist, sind Humor und Groteske bald zur Hand.

In einer anderen Szene erscheint der Akteur mit Schneebrille und Polarjacke. Vom Tonband werden Sturmgeräusche eingespielt. Er liest die letzten Tagebuchaufzeichnungen des Robert Falcon Scott,

71 Gotthardt Kuppel in ›Der Mehrschein‹, eine Odyssee durch das menschliche Dasein

die dieser unmittelbar vor seinem Erschöpfungstod im Eis aufgeschrieben hat. Polarkälte breitet sich aus. Was müssen Menschen alles erleiden, bevor sie sterben? Warum sind sie oft eigener Motor ihrer Qualen?

Szenenwechsel: Der Artist erscheint mit einer Affenmaske, liest einen Text von Nietzsche: »Ich bin nicht viel mehr als ein Tier, das man tanzen gelehrt hat, durch Schläge und schmale Bissen. Ich habe aus der Gefahr meinen Beruf gemacht, daran ist nichts zu verachten. Nun gehe ich an meinem Beruf zugrunde.« Auf einen Zirkusbock springend, schlägt sich der Artist mit beiden Fäusten auf die Brust. Vom Tonband ertönen Trommeln, werden lauter und intensiver – verstummen. »Johnny Weißmüller, erster Tarzandarsteller der Tonfilmgeschichte, ist von einem Gericht in Los Angeles für geisteskrank erklärt worden. Zum Vormund des Dreiundsiebzigjährigen wurde seine sechste Frau Maria ernannt. In seinem kalifornischen Heim hatte der Schauspieler zuletzt immer wieder ohrenbetäubende Dschungelrufe ausgestoßen. Der 1,93 m große Weißmüller verkörperte den Urwaldhelden Tarzan über 20 Jahre hinweg in 19 Filmen und wurde durch die Rolle weltberühmt, nachdem er bereits in den olympischen Schwimmwettbewerben 1924 und 1928 Goldmedaillen gewonnen hatte. 1977 erlitt er einen Schlaganfall.« – Süddeutsche Zeitung, 21. Mai 1979.

Durch Signale einer roten Warnlampe und Einblendungen vom Tonband wird der Artist an verschiedenen szenischen Endpunkten wieder in seine Realität zurückbefördert. »Achtung, noch fünf Minuten bis zu ihrem Auftritt. – Bitte zum Auftritt«, heißt es zu den Finalen seiner Angstetappen, und diese Aufforderungen sind gleichzeitig Fanal für einen erneuten Aufbruch.

So nähert sich das Stück mit Texten von Brasch, Sillitoe, Hemingway, Scott, Genet, Kleist, Nietzsche, Alegria, Kluge, Hoffmann, Kafka und der Bibel seinem zwangsläufigen Ende. Immer wieder Gedanken an Flucht, Entziehen und Überwinden, ebenso Szenen von der Verselbständigung menschlicher Taten, und immer wieder Aufrufe zum Bleiben, Durchstehen, Überstehen.

In der letzten Szene gelingt es, den Halt des fehlenden Stuhlbeins mittels eines Schleppseils herzustellen, auf dem der Artist ausgiebig agiert. Gotthardt Kuppels Antwort auf das Dilemma?

72

Tatsächlich gelingt es dem Artisten zeitweilig, den Stuhl auf diese Weise wieder zu einem benutzbaren Instrument zu machen. Doch dann tut er pantomimisch seine Absicht kund, zu dem Punkt oberhalb des Stuhlgerüsts zu gelangen, an dem das Schleppseil angeschlagen ist. Er begibt sich vorsichtig aufs Seil, das schwingt und den Stuhl umwirft. Der Artist geht zu dem Punkt, an dem der Stuhl auf dem Seil auflag und spannt ein kleines Schirmchen auf.

Das Bühnenlicht erlöscht – das Saallicht geht an – der Artist ist verschwunden...

In einem anderen Stück: *Schön stirbt sich's,* Untertitel: *Todesarten auf Deutsch,* wendet sich Gotthardt Kuppel mit sehr makabren und skurrilen Bildern gegen die allgegenwärtige Verdrängung des Todes und seiner Begleitumstände, gegen die Vermarktung menschlicher Gefühle und die Brutalität in unserer Gesellschaft. Obwohl solche Verhaltensweisen alltäglich geworden sind, erlaubt sich Gotthardt Kuppel, gegen sie zu Felde zu ziehen und sich dabei selbst offensiv zu verteidigen.

Mit *Schön stirbt sich's* ist aus dem »tagtäglichen Wahnsinn« ein makaberes Todes-Panoptikum entstanden. Da in einer freien Welt jeder seine eigene Todesart selbst wählen kann, wie es da heißt, wird in einem Wettbewerb ›Die schönste Todesart‹ angeboten: Tod auf dem elektrischen Stuhl, Krebs, tägliche Maloche, zufällige Erstikkung während einer Demonstration oder einfache Erschießung.

Originalton: »Aber jetzt Spaß beiseite, jetzt wird es wirklich ernst, jetzt steigen wir ein in den großartigen Wettbewerb ›Die schönste Todesart‹. Damit ich Ihnen erstmal den Mund ein wenig wäßrig machen kann, werde ich Ihnen als erstes mal die Preise verraten, die Sie gewinnen können. Also die Preise!

1. Preis: eine Reise zu zweit zu einem einwöchigen Aufenthalt in Stammheim mit Rückfahrkarte. 2. Preis: eine Übernachtung mit Frühstück auf dem Bahnhof Zoo; 3. Preis: ein zweitägiger Badeurlaub am Main in der Nähe von Frankfurt/Hoechst; 4. Preis: eine Fahrt nach Majdanek inclusive Picknick-Korb und Fotografiermöglichkeit; 5. Preis: Teilnahme an einem Polizeilehrgang mit dem Tränengas CS, ärztliche Behandlung inbegriffen; und 6. bis 100. Preis, das sind die Trostpreise: Hierbleiben und Weiterleben!«

Das Publikum wird zum Mitspielen animiert und darf sich seine schönste Todesart wünschen oder vorspielen. Das mag sarkastisch und zynisch klingen, doch es ist Betroffenheit, die Gotthardt

Kuppel zu solchen Inhalten animiert. Seine Tätigkeit als Mediziner hat wohl dazu beigetragen, sich derart offensiv mit dem Tod auseinanderzusetzen. Er erlebte den Tod dabei als etwas, was einfach passiert, plötzlich in das Leben einiger Menschen hineinwirkt, das man mit Schweigen abwickelt, um dann wieder zur Tagesordnung zu finden.

Gotthardt Kuppel recherchiert für seine Stücke sehr genau, und das, was er sagt und zeigt, hat zwangsläufig auch einen tieferen Bezug zu seiner Person.

Brandmeister Lothar Löschzugs Licht- und Feuerschau

Dieses Stück handelt von einem Feuerwehrmann, der einen Einführungsvortrag in die Kunst des Feuerlöschens hält. Es beschreibt die Einteilungssucht der Deutschen. So gibt es den Brand an Werktagen, auch der gemeine Brand genannt, und den Brand an Feuertagen. Das Stück zeigt die Hierarchie bei der Feuerwehr, durchsetzt mit totalem Nonsens, und ironisiert die Gläubigkeit, die in Lehrbücher aller Art gesetzt wird.

Die Aufführung findet in der Dunkelheit (meistens unter freiem Himmel) statt. Beim Schein einer kleinen Lichtquelle wird aus einem fiktiven Lehrbuch vorgelesen.

Personen aus dem Publikum werden als Hilfsfeuerwehrleute eingeschworen, bekommen einen Helm gestellt und dürfen singen: ›Kein schöner Brand, weit und breit‹.

In dem Stück *Mode und Verzweiflung* zapft sich Gotthardt Kuppel Blut ab und malt damit seine Nase an. Er animiert auch das Publikum, sich mit dem Blut eine rote Clownnase zu machen. Gotthardt Kuppel sagt dazu: »Ich kann die Leute damit provozieren, produktiv zu sein, produktiv zu sein im Sinne der Entscheidung, nehmen Sie mein Blut oder nehmen Sie es nicht. Beides ist etwas Aktives, zu sagen: ›Ih nein, das ekelt mich‹, oder zu sagen: ›Oh ja, das ist eigentlich eine gute Idee, gib doch mal her, da steck ich meinen Finger auch rein und male mir eine rote Nase‹. Da sind wieder die Polaritäten; auch bei Blut gibt es nur die Möglichkeit zu sagen: Ja oder nein.«

Das ›CaDeWe‹ (Cabaret des Westens)

Der Name des Kabaretts ist eine Verballhornung des großen Westberliner Kaufhauses ›KaDeWe‹. 1977 entstand die ehemals elfköpfige Gruppe als Amateur- und Freizeitkabarett. Mit ihren beiden ersten Stücken tingelte sie durch diverse Berliner Kneipen. Die dritte Produktion *Wir können uns gratulieren* wurde weit über einhundertfünfzigmal in einer Berliner Theaterkneipe aufgeführt, die mittlerweile als fester Spielort zur Verfügung stand. Zwischenzeitlich war die Gruppe auf sechs Leute, zwei Frauen und vier Männer, geschrumpft.

1981 übernahm das ›CaDeWe‹ ein eigenes Theater mit zweihundert Sitzplätzen im Mehringhof, einem Gebäude mit einer Vielzahl alternativer Projekte von kollektiven Kneipen und Cafés, über Kleinverlage und Gesundheitsläden, bis hin zur ›Freien Schule‹ für anderes Lernen. Die neuen Räume erforderten allerdings umfangreiche Renovierungsarbeiten. Zusammen mit der notwendigen Organisation und den Proben war das nicht mehr neben dem Beruf zu schaffen. Fast zwangsläufig wagte die Gruppe daher ›den Sprung ins kalte Wasser‹, und die Akteure gaben ihre bisherigen Berufe auf. Parallel zur Renovierung des Theaters mußten die Proben abgehalten werden. Ein fester Premierentermin machte viele Nachtstunden erforderlich. Das Stück *Avanti Dilletanti* kam heraus und wurde ein riesiger Erfolg. Das Theater war wochenlang ausverkauft. In eineinhalb Jahren wurde das Stück über zweihundertmal gespielt. Zwischendurch gab es eine Tournee ins Bundesgebiet.

Was hatte diesen Erfolg bewirkt? Das ›CaDeWe‹ macht wie die ›Drei Tornados‹ oder das frühere ›Karl Napps Chaos Theater‹ ein zündendes, vitales Kabarett, in dem aktuelle Themen, die besonders vielen jüngeren Leuten unter den Nägeln brennen, hemmungslos der Satire preisgegeben werden. Den Ruchbarkeiten unserer Zeit wird hier nicht der süße Tüllstoff der Unverbindlichkeit umgehängt, wie es die ›renommierten‹ Kabaretts nur allzu gerne tun und dafür unter dem prominenten Publikum auch dann und wann einmal einen begeistert klatschenden Minister auf den ersten Rängen vor-

73–75 Das ›CaDeWe‹, das Cabaret des Westens, in Berlin

74

75

finden. Hier bestätigt sich vielmehr die Behauptung: Erst das Kabarett des Freien Theaters hat die beißende Schärfe dieses Genres wiedergefunden und einen in Stil und Atmosphäre unserer Zeit adäquaten Ausdruck geprägt.

Trotzdem stehen Gruppen wie das ›CaDeWe‹ durchaus in der Tradition des herkömmlichen Nummernkabaretts mit Gruppenspiel, Soloauftritten und zum Teil bekannten Liedern, deren Texte umgearbeitet werden. In *Avanti Dilletanti* reichen die Themen vom Berliner Bauskandal über Abrüstung und Polizei bis zu Deutsch-Deutschem und alternativen Geschäftsleuten.

Alle Mitglieder tragen gemeinsam die Ideen für die Stücke zusammen. Hartmut Fittkau schreibt daraus die Texte, Rainer Rubbert (Klavier) vertont die Lieder. In der Gruppe diskutiert man die Konzeption des Programms, Texte werden angenommen oder verworfen, einiges wird überarbeitet oder bei den Proben verändert. Zudem betrachten die Akteure ihre Auftritte als ständige Lernprozesse. So haben sich während der Spielzeit von *Avanti Dilletanti* große Teile des Stückes verändert. Das Publikum besteht überwiegend aus jüngeren Leuten, doch nach und nach sind zur Freude der Spieler auch reifere Jahrgänge hinzugekommen.

Bevor die Gruppe ganz in die professionelle Arbeit eingestiegen ist, waren ihre Mitglieder in den verschiedensten Berufen tätig, als Lehrer, Krankenschwester, Pädagogin, Student und Filmemacher. Außerhalb der Spielzeit arbeiten alle hier und da in Gelegenheitsjobs, da trotz der großen Erfolge eine starke finanzielle Belastung (Theatermiete usw.) vorhanden ist. Subventionen erhält das ›CaDeWe‹ nicht und wird es wohl auch schwer haben, mit seinen politischen Inhalten je Subventionen zu bekommen. Die Gruppe legt großen Wert auf Autonomie und versucht, alle Belange aus eigener Kraft zu regeln.

Das Revue-Theater ›Die Schönen der Nacht‹

»Wenn auf dem Klavier eine Leiche liegt und der Pianist schluchzend in die Tasten greift, wenn Chopins Trauermarsch von Konfettiregen begleitet wird, oder wenn ein clownesker Selbstmörder sich seine Brücke ins Paradies baut und der Zufall es dann doch verhindert – dann fließen sie, unsere sehn-süchtigen ›Letzten Tränen‹.« (Programmheft: ›Die Schönen der Nacht‹)

Eine Szenerie mit schwarzen und violetten Vorhängen, ein Grabstein mit einem Kreuz davor. Ein Klavier mit einem vermummten Skelett. Hinkend geht eine vermummte Gestalt umher, durchschreitet das Theater, dazu Chopins Trauermarsch als Blasmusik. Es regnet Konfetti.

In ihrer makaber-morbiden Collage zeichnen ›Die Schönen der Nacht‹ das Bild einer Welt, die den Totentanz vollzieht, und der wird mit Wut, Trauer, Lebensfreude, Verzweiflung, Hoffnung und Sarkasmus getanzt, allemal ein Tanz auf dem Vulkan. Die Bilder wechseln sich in schneller Reihenfolge ab. Ein nackter Mann rennt durch das Publikum, setzt sich entsetzten Damen und Herren auf den Schoß und vollzieht dann einen Striptease, nur umgekehrt, bis er im Nadelstreifenanzug dasteht und sich eine Richterrobe überstreift. Marionetten singen ›Schöne Nacht, du Liebesnacht‹, können aber nicht zueinander gelangen. Mal werden verklärte romantische Bilder gezeichnet, um vielleicht schon Augenblicke später zerschmettert zu werden. Ein Lachen will sich einstellen, wird aber im letzten Moment wieder heruntergewürgt. Ist das unsere Welt? Darf man da lachen? Hier bewahrheitet sich der Satz: Komik ist nur die heitere Seite des Tragischen und macht den Zustand einer Welt sichtbar, die auf sie reagiert. Für Parodien bedient man sich vieler bekannter Namen. Beethoven, Schubert, Richard Strauss, Paul Lincke und Friedrich Holländer sind nur einige. Während der Pianist die Mondscheinsonate von Beethoven spielt, stößt er ein herzzerreißendes Schluchzen hervor, das ihn zusammenbrechen läßt.

In der Pause wird den Zuschauern der ›Leichenschmaus‹ gereicht, Kaffee und Streuselkuchen sollen für die nächste Runde stärken. ›Die Schönen der Nacht‹ erfüllen in traurigen, morbiden, grellen und skurril-komischen Bildern den Gesang einer Ära, die ihren Untergang verspürt. Ihr Stück *Letzte Tränen* entstand aus einer Auftragsinszenierung, die sie für das ›TAT‹ (›Theater am Turm‹, Frankfurt) unter dem Titel *Totentanz* erarbeiteten. Die Tradition des Totentanz geht auf die Pestzeiten des Spätmittelalters zurück, als große Pestepedemien verheerend über Europa hinwegzogen. Wie der Totentanz an die Hinfälligkeit menschlichen Lebens erinnert, so will die Gruppe auch ihr Stück verstanden wissen: Der Totentanz wird – wenn auch unbemerkt – bereits getanzt und hat viele Gesichter.

»1977 entstand die Freie Theatergruppe ›Die Schönen der Nacht‹. So wie wir uns in der Gruppe neu zueinander in Beziehung setzen müssen, so sollen forthin unser Gesang, unsere Bewegung und unsere Sprache nicht mehr voneinander getrennt, sondern als Einheit die Grundlage unserer Arbeit sein. Also begannen wir auszuprobieren, zu experimentieren: Wir setzen und stellen in Beziehung, was vordergründig keine Beziehung zu haben scheint und geraten auf diesem Wege an die Grenzen der ›geheiligten‹ Kultur und Moral. Wir klauen wie die Raben, haben, was wir brauchen können und biegen es uns zurecht. Wir montieren mit Versatzstücken der leichten, der seichten und der ernsten Muse. Selbiger schauen wir auf's Maul und nehmen sie buchstäblich beim Wort. So schaffen wir unser assoziatives Chaos.« (›Die Schönen der Nacht‹)

Die Gruppe besteht aus drei Akteuren auf der Bühne sowie zwei bis drei sich abwechselnden Pianisten und einer Technikerin. Alle Darsteller und Musiker absolvierten längere künsterlische Ausbildungswege und nahmen an vielen Workshops für Stimme und Bewegung teil, so u. a. Pantomime bei Yves Lebreton, Daniel Stein und Benito Gutmacher; Tanz bei Shusaku Takiushi (Na, Kabuki), Lucky Zebila (Afro), George Peugeto und Jack Millet (Contact); Clownstechnik bei Franz Joseph Bogner; Stimm- und Bewegungsimprovisationen bei Jolanda Rodio, Eutonie bei Hannelore Scharing.

Gespräch mit Brigitte Foerg

Es gibt eine Zusammenarbeit mit den Städtischen Bühnen Freiburg. Wie sieht diese Zusammenarbeit aus, und gibt es Schwierigkeiten wegen Eurer unkonventionellen Arbeitsweise?
Die beiden ersten Programme *Bart ab* und *V.I.P.-phonie* sind mit Hilfe der Städtischen Bühnen entstanden. Leo und ich hatten bereits vorher in Produktionen der Bühnen mitgearbeitet und besaßen so einen guten Kontakt zum Theater. Manfred Beilharz, der Intendant, hatte die Idee, mit einem Theatercafé den Freien Gruppen eine Spielstätte im Theater einzurichten. Mit unserem Programm *Bart ab* haben wir diese Spielstätte in Freiburg installiert. Da wir quasi zum Haus gehörten, konnten wir die Probenräume, Funders und Werkstätten mitbenutzen. Dies war eine Geste des Theaters, ohne die es uns unmöglich gewesen wäre, eine freie Theaterarbeit aufzubauen. Auch half uns das Theater zu ›überwintern‹. Die ganze Gruppe wurde eingeladen, spezifische Aufgaben in hauseigenen Produktionen zu übernehmen. Unser zweites Programm *V.I.P.-phonie* haben wir beim Theaterfestival 1979 uraufgeführt und anschließend bestimmt auch dreißigmal im ständig ausverkauften Theatercafé gespielt. Unsere Arbeitsweise hat das Theater nie tangiert. Unser Programm, d. h. die künstlerische Umsetzung unserer Idee, war unsere Angelegenheit. Das Theater half nur technisch.

Könnt Ihr eine allgemeine Einschätzung der heutigen Freien Theaterszene in der Bundesrepublik Deutschland geben?
Unserer Erfahrung nach gibt es bei den offiziellen Theatern die Tendenz, solche Gruppen einzuladen, die bekannt und publikumssicher sind, was auch vor dem Hintergrund notwendiger Einsparungen zu sehen ist. Obwohl die Freien Theatergruppen zunehmen, nimmt die Spielmöglichkeit aufgrund der Vielzahl in- und mit Vorliebe eingekaufter ausländischer Produktionen ab. Viele Theater können sich ein Gastspiel schon gar nicht mehr leisten. Die alternativen Zentren haben meist nur eine unzureichende Einrichtung und sind nicht theatererfahren. Hinzu kommt, daß das Publikum bei einem großen Angebot leicht übersättigt ist.

Ich will nicht klagen, aber die freie Arbeit war noch nie ein Honigschlecken und jetzt im Moment schon gar nicht. Deshalb ziehen wir zum Beispiel an verschiedenen Fäden. Wir machen in verschiedenen Produktionen mit, bauen Soloprogramme, Konzertabende, tingeln durch die Theaterkneipen mit Liederprogrammen und geben Workshops. Mit Gastspielen allein haut das nicht mehr hin. Es gibt viel zu wenig Arbeitsmöglichkeiten. In Freiburg ist der ›Arbeitskreis Alternative Kunst‹ seit langem bemüht, ein Haus mit Proberäumen und Aufführungssaal zu bekommen. Es geht nicht; die am Hebel sitzen, haben Angst vor unserer Kreativität, vor allem, wenn wir, was ich für unsere Zukunft und Aussagekraft sehr wichtig finde, uns zusammenschließen. Sensationelles gibt es nicht zu berichten. Wir kämpfen und lieben unsere Arbeit, sonst hätten wir längst aufgehört. Die Bühne hat eine seltsame Faszination, und wer sie sich erobert hat, kann sie nicht mehr lassen. Wir müssen spielen, und setzen alles daran, dies zu können.

Wie sind Eure Erfahrungen mit dem Publikum? Gibt es einen wachsenden Personenkreis, der bereit ist, sich auch auf sehr Ungewöhnliches einzulassen?
In großen Städten, die ihr Theaterpublikum haben, sind wir immer sehr gut, nahezu euphorisch aufgenommen worden. In einer Stadt wie Lüdenscheid war das ganz anders. Man kam und war entsetzt über die Perversen! Mancherorts wirkt das schon provokativ, worüber anderswo noch gegähnt wird. Studentisches oder Musikpublikum freut sich diebisch über unsere Einfälle, Herr und Frau Schmidt tun sich da etwas schwerer.

Was erwartet das Publikum?
Die Tendenz, im Theater wieder mehr Unterhaltung zu suchen, ist stark; die Belastungen im täglichen Leben nehmen ja auch zu. Das Theater wird als Erholungsraum gesehen. Natürlich erwartet dabei jeder, auf seine Kosten zu kommen: es soll neu sein, nicht zu antiquiert sein, provozierend ja, aber nicht zu sehr; es muß was los sein, aber nicht zu sehr in Frage stellen – wo kämen wir da hin. Man lehnt sich bequem in die Sessel und wartet eben ab, was die da vorne von sich geben.

Hat das Freie Theater eine Zukunft?
Wenn wir, die Freien Theater, es schaffen durchzuhalten, nicht nur Gastspiele suchen, sondern auch Raum schaffen, Gastspiele zu veranstalten; wenn wir unsere Eigenarten entwickeln und nur wollen, d. h. arbeiten, dann könnte das Freie Theater schon eine ständig wachsende Rolle in der Theaterlandschaft spielen. Schließlich können wir zu den Leuten gehen. Das Stadttheater hat dazu weniger Chancen. Wir können sagen, was der Institution verboten ist. Uns hindert bei der Entwicklung unserer Ideen kein beschränkter Apparat, unsere Bühnenbilder kosten nicht viel und sind doch ausdrucksstark, unsere Möglichkeit ist das einfache Theater. Dieses aber zu kreieren, wenn man totales Theater machen will, wie wir zum Beispiel, ist nicht ganz einfach.
(Mai 1982)

Clowns – Fools

Die Clowns und Narren des heutigen Freien Theaters tauchen auf Plätzen und Straßen auf, sind mit wenigen Requisiten versehen und können kurzfristig den Spielort wechseln. Kinderspiele mit Clowns werden aber auch in Schulen, Kindergärten, Spielplätzen usw. veranstaltet. Musikclowns stehen an irgendwelchen Straßenecken und spielen zuweilen, unter den staunenden Augen des Publikums, drei oder vier Instrumente gleichzeitig.

Seit Mitte der siebziger Jahre trat in Amsterdam Jango Edwards in Erscheinung. Seine Einfälle und Parodien waren derart sprühend und mitreißend, daß er innerhalb weniger Jahre ungeheure Popularität erlangte.

Rhythmik und Motorik in den clownesken Szenen Jango Edwards sind dem schnellebigen Stil unserer Zeit entlehnt. Die Szenen wechseln wie Modetrends, der Mensch, das irritierte Indivi-

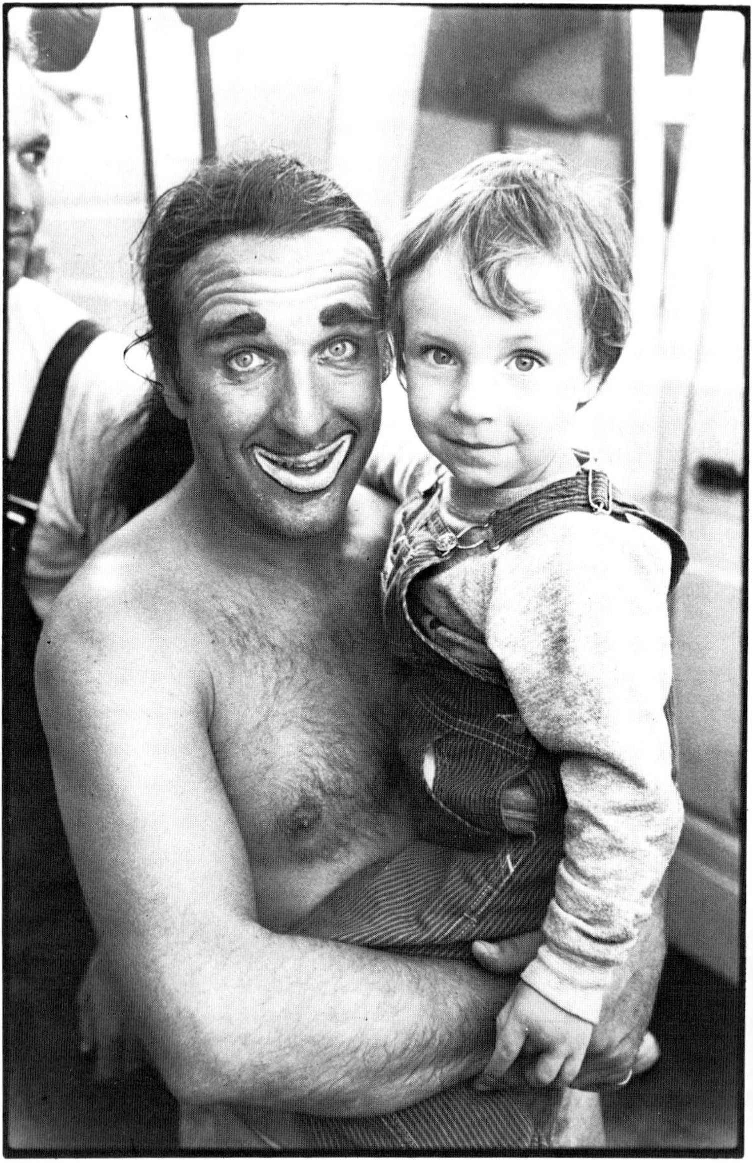

76 a/b Jango Edwards auf dem Wiener Clownfestival, Mai 1982

76 c Jango Edwards, ›Hari Christmas‹, Clownaktion in einer Münchner U-Bahn, April 1982

duum, steht im Zentrum des Geschehens und erlebt, daß eigentlich immer etwas mit ihm geschieht und er selbst dabei ständig in Bewegung ist.

Jango Edwards, ein Kind der ›Love and Peace Generation‹, wurde innerhalb kurzer Zeit zu einer Art Vaterfigur des ›Clownpower‹, wie sich diese neue Bewegung bald nannte. Zusammen mit der überwiegend aus Musikern bestehenden Gruppe ›Friends Roadshow‹ setzte er wegweisende Akzente im Clowntheater.

1975 regte Jango Edwards die Gründung eines Festivals als Forum für Freie Theatergruppen an, und es entstand im gleichen Jahr das ›Festival of Fools‹ in Amsterdam. Zwei Jahre später, 1977, zog das Festival schon eine unüberschaubare Menge von Akteuren an. Straßenmusikanten, Theatergruppen, Artisten, Feuerschlucker, Gaukler, Pantomimen und Tänzer aus vielen europäischen und außereuropäischen Ländern trafen in Amsterdam ein. Im ›Paradiso‹ eröffnete der Poet und Mystiker Simon Vinkenoog mit folgendem Lied das Festival:

»Ich vertraue Euch Narren
Ihr seid das Licht der Welt
Ihr seid die Augen der Blinden
Ihr seid die Ohren der Tauben
Ihr seid die Stimme der Stummen.

Tanzt ihr Narren, twist and shout
laßt die Freak-Fahnen fliegen, hoch und laut.

Nackte Wahrheit erschüttert jedermann,
die Leute werden catatatatonopsychotisch
hören wir auf zu tanzen.
Schneid ein Gesicht, vergieß eine Träne.«

Die großen Amsterdamer Kommunikationszentren ›Paradiso‹ und ›Melkway‹, das ›Shaffy-Theater‹, der ›Vondelpark‹ und die Straßen und Plätze der Stadt waren Schauplatz des Spektakels. Manchmal ließ sich kaum unterscheiden, wer zum Publikum und wer zu den Akteuren gehörte. Eine ›Fool-School‹ hatte ihre Arbeit aufgenommen, und einige Hundert Leute probten während des Festivals direkt vor dem Publikum.

Diese Entwicklung blieb auch in der Bundesrepublik Deutschland nicht ohne Wirkung. So entstanden zahlreiche neue Clowntheater, und in vielen Workshops bildeten sich weitere Gruppen und Einzelspieler heran. Diese flutartige Hinwendung zum Clowntheater muß man wohl mit einer aus den Fugen geratenen Zeit erklären, die vielleicht nur noch mit der Theatralik der Groteske darstellbar ist. Clownpower wurde für manche zur Lebensphilosophie, viele Akteure sahen denn auch mehr den eigenen therapeutischen Effekt, ohne eine kontinuierliche Entwicklung dieses Genres zu suchen.

Die Clownpower-Bewegung geriet für viele daher zu bunt, zu spontan, zu chaotisch und wurde fortan auch als ›Pappnasenkultur‹ gebrandmarkt, weil sie scheinbar zu wenig tiefschürfende Inhalte transportierte. Das Interesse des Publikums schwand, und das Clowntheater befand sich unversehends in einer Sackgasse, was angesichts der vielen Talente zu bedauern ist.

Viele engagierte Theatermacher wollten ob der inflationären Entwicklung nichts mehr mit dem Clownpower zu tun haben und fanden es gar anstößig, in dessen Nähe gerückt zu werden. Dennoch hat gerade das Clowntheater dem Freien Theater neue Bereiche der mimischen Darstellung erschlossen und den Weg zu größerer Gelöstheit und unmittelbarer Spielfreude gewiesen.

Freie Theatergruppe ›König Alfons‹

Zwei Clowns, der Melancholiker Jummi und der Angeber Jipp, warten auf eine Frau. Während des Wartens entdecken sie, daß sie um dieselbe Frau werben. Beide, eigentlich verunsichert und verlegen, spielen in Überlegenheit und begeben sich aus Angst vor dem Konkurrenten in Imponierposen, die immer absonderlicher werden.

So entwickelt sich ein zäher Kleinkrieg, und Amanda – kommt nicht. Nachdem beide Männer immer wieder versucht haben, sich auszutricksen, kommen sie sich nach und nach näher und verraten männliche Eroberungstaktiken, versuchen sich wieder gegenseitig auszuspielen und gegeneinander zu wüten, um sich danach erneut in die Arme zu fallen.

Das Stück *Amanda* wurde von Hans Galli geschrieben, Gründer und Mittelpunkt der Freien Theatergruppe ›König Alfons‹. Mit wechselnden Mitspielern macht er clowneskes Kindertheater und Clownimprovisationen, erzählt Geschichten für Kinder im Vorschulalter und bietet auch Clowntheater für Erwachsene. Seit 1976 spielt er Kinder- und Jugendtheater und gründete nach einer Clownausbildung bei dem tschechischen Clown Bolek Polivka 1979 die Gruppe ›König Alfons‹.

Mit Geschichten aus dem Hier und Jetzt spielt Hans Galli unter Mithilfe seines Publikums eine Art Stegreiftheater. Die Geschichte, die er erzählt, ist die der Zuhörer. Er nimmt Vorschläge aus dem Publikum auf, spinnt daraus einen Zusammenhang, spielt Szenen vor und regt dadurch das Publikum zu neuen Einfällen an. Sein Material ist der Ideenreichtum der Leute und sein Medium das gesamte mimische, gestische und sprachliche Spektrum der Schauspielkunst. So entsteht bei jedem Auftritt eine völlig neue und in ihrer Art einmalige Geschichte, wobei jeder, ob Kind oder Erwachsener, Impulse geben kann.

Fragen an Hans Galli

Was hat Dich bewegt, diesen Beruf zu ergreifen, und wie fing es an?
Ein Regisseur wurde am hiesigen Kellertheater entlassen. Er versammelte eine Truppe um sich und machte Kindertheater. Ich stieß 1977 zu der Truppe und half an der Gitarre aus. 1978 wurde beschlossen, Waechters *Schule mit Clowns* zu inszenieren. Nach meinem Examen in Germanistik fuhr ich mit dem Kindertheater zu dem tschechischen Clown Bolek Polivka. Sieben Tage verbrachte

77 Die Theatergruppe ›König Alfons‹: Jummi und Jipp warten auf Amanda, die Frau ihrer Träume

ich im Bann dieses Clowns und verschlang ihn mit all meinen Sinnen.

Das Stück, das wir erarbeiteten, wurde ein großer Erfolg und sechzigmal gespielt. Inzwischen war das Kindertheater mit 30000 DM jährlich subventioniert und zerstritten. Ich war entschlossen, vom Theater zu leben, verließ das Kindertheater und schrieb das Clownstück *Amanda.* In einem Clown-Workshop fand ich einen Partner, wir gaben uns den Namen ›König Alfons‹ und hatten Anfang 1980 Premiere. *Amanda* ist inzwischen hundertfünfzigmal gespielt worden, hat zwei Tourneen in der Bundesrepublik Deutschland hinter sich und einige Auftritte in Frankreich und der Schweiz. Zur Zeit spiele ich das Stück mit dem vierten Partner, alle Vorgänger konnten sich nicht für Freies Theater entscheiden.

Wie entstehen die Stücke, welche Prozesse durchlaufen sie?
Mein Prinzip, Stücke zu machen, ist einfach. Wir nehmen eine ausgedachte Geschichte oder eine existierende, und die Truppe beginnt dann Satz für Satz zu improvisieren, wobei vom anwesenden Regisseur vor allem die körperlichen Impulse beobachtet werden. In jedem Körper sind die tollsten Geschichten gespeichert mit einem immens spannenden Stoff, der unterdrücktes Leben ist, das heraus will und durch eine rote Clownnase geschützt auch heraus kann. Die so entstandenen Stücke sind phantastisch, spannend und lebendig.

Hat das sogenannte Clowntheater eine Eigenstellung im Freien Theaterbereich?
Das Clowntheater, das ich meine, hat eine Eigenstellung. Sein Ziel ist es, sich voll auszuspielen, sich total zu erleben, wie es nur ein Clown kann, in aller Dramatik und in aller Lächerlichkeit. Ein Clown kann total sein, und das heißt vor allem körperlich sein, er hat nur seinen Körper und sonst nichts. Das macht ihn real, spontan, momentan; alles andere ist eine Erstarrung des Kopfes. Allerdings läuft sehr viel unter Clowntheater, so daß ich nicht weiß, ob wir uns richtig verstehen.

Sollten Freie Gruppen mehr subventioniert werden?
Nein! Gerade das ›Sich-Durchschlagen-Müssen‹ macht Spaß und gibt Kraft, gutes Theater zu machen und vor allem, man bleibt mobil, ist angewiesen, in Jugendheimen, Kindergärten, Schulen, Freizeitzentren usw. zu spielen und auf der Straße. Und wenn es beim Theater eine Message gibt, dann nur die: Spielt überall Theater und zwar voll!

Wie kann eine Truppe, die um Subvention jammert, gutes Theater machen? Theaterspielen heißt in Energie explodieren und das kann man nicht subventionieren.

Kannst Du vom Theaterspielen leben?
Ja.

Wie schätzt Du mögliche Entwicklungen in der Zukunft der Freien Theaterbewegung ein?
Die wacheren Menschen in unserem Lande sind sich bewußt, daß sie starr und leblos gemacht worden sind, und sie nutzen jede Chance, ein bißchen aus sich herauszukommen, etwas zu zeigen, sich zu zeigen. Das ist eine Chance, die dem Freien Theater einen berechtigten Aufschwung bieten könnte, wenn verstanden würde, daß Theater als Belehrung ausgedient hat und Theater als Befreiung aus dem neurotischen Gefängnis Kopf gefühlt wird. Da wir in eine Wirtschaftskrise wandern, macht ein Theater, das vorwiegend auf der Straße frei und übermütig spielt, sicherer als es all die festangestellten Theaterleute sind. Alle großen Komiker sind in Krisenzeiten groß geworden. Denn wenn die Menschen merken, daß die Zukunft unsicher wird, wollen sie stärker im Moment leben, und wer im Moment lebt, der muß lachen.

Wie sind Deine Erfahrungen mit dem Publikum?
Das Publikum hat immer Angst. Das ist graduell verschieden, manchmal herrscht Angst bis zur Erstarrung, manchmal ist das Publikum übermütig bis zu Zwischenbemerkungen; aber die Grundhaltung ist immer Angst. So ist das Publikum dankbar, wenn es über dich lachen kann, dann fühlen sie sich verbunden, dann entspannen sie sich für einen Moment, aber die Grundangst beim

einzelnen bleibt immer. Das merkt man vor allem, wenn man Ideen aus dem Publikum haben will. Der Konkurrenzdruck untereinander ist beim Publikum schier unerträglich. Viele schöne Einfälle bleiben aus Angst ungesagt, und es werden nur Klischeevorstellungen hineingebracht, bei denen man nirgends anecken kann. Die einzige Rettung sind oft allein die Kinder, die noch nicht mit Ansprüchen, wie sie zu sein haben, zugeschüttet sind.
(Juni 1982)

Das ›Theaterkollektiv Gaukelstuhl‹

Der ›Gaukelstuhl‹ versteht sich als ein echtes Theaterkollektiv, denn alle Stücke werden kollektiv inszeniert, und jedes Gruppenmitglied ist Schauspieler und Regisseur zugleich. Eine Funktionsteilung gibt es nicht, was bedeutet, daß jede Arbeit von jedem Mitglied verrichtet werden kann. Bei der Inszenierung eines Stückes wird reihum Regie geführt, und zwar wird sie jeweils für einen oder mehrere Tage an eine Person vergeben. Die temporär eingesetzte Regie erteilt umfassende Anweisungen, wobei die Diskussionen darüber erst am Ende eines Übungstages geführt werden.

Das ›Theaterkollektiv Gaukelstuhl‹ besteht aus sechs Personen, vier Männern und zwei Frauen, und existiert seit 1979. Vorher haben die einzelnen Mitglieder in verschiedenen anderen Theatern (u. a. ›Freies Theater München‹ und ›Furore Companietheater‹) gespielt.

Der ›Gaukelstuhl‹ sagt von sich: »Wir sind ein Kollektiv – nicht nur weil das Arbeiten so mehr Spaß macht, sondern weil wir ohne Autorität alle zusammen Theater machen wollen. Jeder, der spielt, hat fünf Regisseure und sich selber noch dazu. Viele Augen sehen mehr als ein Augenpaar. Auch wenn diese Arbeitsform unrationell ist, weil es viel länger dauert, sechs Leute unter einen Hut zu bringen, als wenn einer bestimmt und die anderen seine Marionetten sind, bringt es für jeden einzelnen und für die Inszenierung viel mehr, weil jeder Schritt, jede Entwicklung auch von jedem voll mitgetragen wird. Unser Theater ist *unser* Theater. Wir sind ein armes Theater: erstens weil wir eins sein wollen, zweitens weil wir sowieso kein Geld haben.

Wir drücken das, was wir zu sagen haben, mit unserem Körper aus und verstecken uns nicht hinter tausend Requisiten, Kulissen und Trara. Es kommt uns nicht darauf an, zwei genüßlich-berauschende Stunden zu bereiten, sondern wir wollen mit den Zuschauern entdecken, was Theater – außer Aktion auf der Bühne, Konsumtion im Publikum – alles noch sein kann. Wir sind auf die Zuschauer angewiesen, daß sie mitdenken, mitspielen, und wir versuchen das zu erleichtern, weil wir wissen, wie leicht man/frau als Zuschauer in eine totale passive Haltung hineinrutscht.

Im Theater darf niemand Angst haben. Das Publikum nicht vor uns und wir auch nicht vor dem Publikum. Deshalb spielen wir neben, hinter, vor und mit den Zuschauern. Alle dürfen und sollen ganz genau hinschauen. Wir machen Theater: zum Anfassen, zum Unter-den-Arm-klemmen, zum Nicht-so-schnell-vergessen.«

Der ›Gaukelstuhl‹ benutz den gesamten Theaterraum als Spielfläche. Die Frontalbühne wird nicht mehr durchgängig bespielt, denn man möchte dem Publikum eine Funktion in den Stücken geben, die über das bloße Zuschauen hinausgeht, und es zumindest partiell in das Theatergeschehen miteinbeziehen.

Das Training der Gruppe stützt sich auf eine eigene Arbeitsmethode, die sich aus Teilen der Theatertheorie von Jerzy Grotowski sowie aus verschiedenen Atem- und Bewegungstechniken (z. B. Aikido) zusammensetzt und die durch den Umgang miteinander sowie mit anderen Freien Gruppen ständig weiterentwickelt wird.

Der ›Gaukelstuhl‹ ist ein armes Theater, was nicht nur die sparsam benutzten Requisiten betrifft; auch finanziell ist es ein armes Theater. In München gegründet und ansässig, entschlossen sich die Gruppenmitglieder Ende 1981, von dort nach Berlin zu gehen. Gerhard vom ›Gaukelstuhl‹ meint dazu, es sei in München viel schwieriger, Aufführungsplätze zu finden. Ihm gefällt die offene und kooperative Atmosphäre der Freien Theaterszene Berlins, die man in München vermißt hat. In Berlin konnte auch endlich ein eigener Übungsraum angemietet werden, wenn auch die 500 DM monatliche Miete schon einen erheblichen Minusposten bedeuten. Dazu addieren sich die Kosten für einen alten Transporter, der zudem ständig in der Werkstatt steht. Telefongebühren (manchmal 500 DM monatlich), Druckkosten für Programmhefte (2000–3000 DM für eine neue Produktion) und Porto für den Versand an über 300 Adressen (500 DM) runden das Bild ab, wobei noch viele kleine Ausgaben hinzukommen.

Die Aussichten, längerfristig von der Arbeit leben zu können, beurteilt Gerhard ziemlich skeptisch. Er spielt seit fünf Jahren Theater und versuchte früher, noch eine Kombination mit seinem Studium der Germanistik und Theaterwissenschaft zu schaffen, was aber nicht gelang. Seit zweieinhalb Jahren widmet er sich daher ganz dem Theater, muß jedoch zeitweise, wie andere Gruppenmitglieder auch, jobben gehen. Ausschließlich leben können die Akteure von ihrer Theaterarbeit nur auf Tourneen.

Gerhard glaubt denn auch, daß nur Gruppen, die nachhaltig Zielgruppentheater betreiben – wie zum Beispiel Kindertheater oder Kabarett-Theater –, langfristig genügend Auftrittsmöglichkeiten haben und daß generell nur solche Gruppen, die immer professioneller zu arbeiten verstehen, bleiben werden, da die Ansprüche ständig wachsen.

Welchen Schwierigkeiten eine Freie Theaterguppe auch bei ihren Aufführungen ausgesetzt ist, wird klar, wenn man aus ihren alltäglichen Erfahrungen hört. Da gibt es Veranstaltungsorte, deren Bühnen völlig verdreckt sind und erst einmal durch die Theatergruppe von Schmutz und Scherben gereinigt werden müssen, während die Veranstalter dabeistehen und zuschauen. Anderswo dröhnt die Musikbox vom Nebenraum und zerstört die Feinheit des Spiels, oder es zirpen aufdringliche Geräusche eines modernen Spielautomaten vom Typ ›Sternenkrieg‹ herüber. Aus schlechten Erfahrungen heraus mußten immer zahlreichere Bedingungen in die Verträge aufgenommen werden (ohne Verträge konnten sich einige Veranstalter manchmal keiner Zusage mehr erinnern). Je größer die

Auftrittsorte sind, um so anonymer laufen die technischen Absprachen ab. Als Bezugspersonen stehen vielleicht ein bis zwei Techniker zur Verfügung, alles andere bleibt nicht greifbar, und vielleicht steht man schon einen Abend später auf einer neuen Bühne in einem anderen Ort. Die kleinen Aufführungsplätze bieten schon häufiger den persönlichen, menschlichen Kontakt, und die Gruppe hat nicht so sehr das Gefühl gekauft und verkauft zu werden, was sich sonst schon recht bald einschleicht. Gibt es irgendwo einen Auftritt, wird um den Ort herumgeplant, d. h. man versucht an relativ naheliegenden Orten Auftritte abzuschließen, jedoch sind in der Regel die Entfernungen zwischen den einzelnen Auftrittsorten recht groß.

Wie ein Stück entsteht – ›Magazin des Glücks‹

Die Gruppe plante nach dem *Woyzeck* die Inszenierung eines neuen Stücks, und es erhob sich die Frage, welchen Stoff man nehmen sollte. Man hatte sich schon länger mit Ödön von Horvath *(Geschichten aus dem Wienerwald)* beschäftigt und stieß auf ein interessantes Exposé von ihm. Darin beschreibt er eine Art vorweggenommenes Disneyland, in dem verschiedene Orte wie Vesuv, Capri und Rom in Ausstellungsräumen dargeboten werden. Durch das Magazin, das kurz vor dem Bankrott steht, wird eine Gräfin hindurchgeführt, die es erwerben möchte. Sie entschließt sich allerdings am Ende, statt dessen einen Krieg zu finanzieren, da dieser mehr Geld bringt als ein Museum. Als Parallelhandlung läuft eine Liebesgeschichte zwischen zwei Angestellten ab. Das Stück, von dem nie mehr als das zweiseitige Exposé entstand, sollte in den zwanziger Jahren unter der Regie von Max Reinhardt mit Zarah Leander aufgeführt werden.

Aus diesem kurzen Exposé erarbeitete die Gruppe zum Teil mit Prosatexten und Anregungen aus anderen Horvath-Stücken ihr *Magazin des Glücks.* Kernpunkt des Magazins waren anfangs elementare Glücksbedürfnisse wie Liebe, Tod, Schönheit, Abenteuer. Die Texte und Ideen anderer Horvath-Werke wurden zu den verschiedensten Improvisationen verwendet. Das Stück sollte einerseits ein Kaleidoskop von Glücksvorstellungen zeigen, aber auch eine in sich geschlossene Geschichte haben, um nicht nur assoziativ zu wirken. Dadurch kam man immer mehr von Horvath ab, hatte aber durch ihn, als eine Art Katalysator, viele Ideen.

Nach umfangreichen Proben und Experimenten schrieb jedes Gruppenmitglied vereinbarungsgemäß eine eigene Fassung, und zusammen formte man aus diesen sehr verschiedenen Entwürfen eine neue Version. Das Stück hatte jetzt nur noch einen kurzen Text von Horvath, benutzte jedoch noch andere Textvorlagen. Für das *Magazin des Glücks* waren vier Abteilungen entstanden: die Abteilung Abenteuer, die Abteilung Krieg, die Abteilung Liebe und die Abteilung Schöner Tod.

Das Stück arbeitet mit ständig wechselnden Bildern, wobei Sprache eine wichtige Rolle spielt. Neben revueartigen, tagtraumhaften oder paradiesischen ›Magazin‹-Angeboten wird die Geschichte mehrerer Personen erzählt, die das Magazin besuchen. Sie durchlaufen die Stationen des Instituts und konfrontieren ihr Leben mit der Welt ihrer Träume. Die sechs Schauspieler wechseln ständig ihre Rollen und verwandeln sich von Magazinbesuchern in Magazinangestellte, die die von den Kunden gewünschten Bilder stellen. Nur eine Figur bleibt konstant, das ist der Liebe Gott, der als Entertainer des Magazins in verschiedenen Gestalten erscheinen kann.

Als Material dient eine Handvoll Texte, die – immer wieder in neue Zusammenhänge gestellt, von unterschiedlichen Personen gesprochen, anders betont – in neuem Licht erscheinen. Die Texte stammen von Horvath, Karl May, Shakespeare, Karl Valentin und aus einem Groschenroman.

So wird die Abteilung Liebe von einer frustrierten Ehefrau besucht. Sie bekommt erst einmal eine Bearbeitung der Balkonszene aus *Romeo und Julia* vorgesetzt, nur findet die Szene nicht auf dem Balkon, sondern auf einer Gondel statt. Als Julia abgeht, darf die Ehefrau den Platz Julias einnehmen. Da es das *Magazin des Glücks* seinen Kunden besonders recht machen will, werden aus einem Romeo drei Romeos, was schließlich bei der Frau einen Nervenzusammenbruch verursacht. Gespielt wird nicht nur auf der Frontalbühne; diese wird hautpsächlich bei stillen Szenen verwendet, die besondere Konzentration erfordern. Ansonsten nutzt man den

78/79 Das Theaterkollektiv ›Gaukelstuhl‹ in dem Stück ›Magazin des Glücks‹. Ein Panoptikum verlorener und vergeblicher Träume und Wünsche wird der alltäglichen Realität collageartig gegenübergestellt

ganzen Raum. Man spielt auf Parallelbühnen, die wie Inseln im Publikum stehen, im Mittelgang, draußen im Foyer und unter den Zuschauern, die dadurch als ›Gäste‹ des *Magazins des Glücks* zum integralen Bestandteil des Stücks werden.

Die Gruppe möchte mit einfachsten Mitteln einen großen Reichtum an Bildern schaffen. Diese Bilder werden hauptsächlich durch die Personen und durch die Aktionen, die in ihnen ablaufen, charakterisiert. Als Bühnenbild werden Requisiten verwendet, die ständig ihre Funktionen wechseln (Plastikplanen, Stoffe, Stühle, Steine, Sand oder Pappkartons).

Das Kinder- und Jugendtheater

Im Juni 1966 wurde im Berliner ›Reichskabarett‹ das ›Theater für Kinder‹ aus der Taufe gehoben. Die meisten Kindertheater spielten bis dahin fast ausschließlich Märchen. Das ›Theater für Kinder‹ schrieb seine Stücke stets selbst und debütierte 1969 mit dem Stück *Stokkerlok und Millipilli.* Von da ab entwickelte sich sichtbar ein emanzipatorisches Kinder- und Jugendtheater nach den Vorstellungen des ›Reichskabaretts‹, das 1971 seine Arbeit einstellte, um sich ganz dem Theater für junge Menschen zu widmen. Ein Jahr später erschien es unter dem Namen ›Grips Theater‹ in den Räumen des ›Berliner Forum Theaters‹ wieder auf der Berliner Theaterszene und setzte die Arbeit des ›Theaters für Kinder‹ fort.

Von 1971 an vom Land Berlin subventioniert, zog das ›Grips Theater‹ 1974 in ein eigenes Gebäude am Berliner Hansaplatz, wo es auch heute noch zu finden ist. Wurden bis dahin nur Kinderstücke aufgeführt, so kam 1975 das erste Stück für Jugendliche *Das hältste ja im Kopf nicht aus* auf die Bühne.

Mittlerweile war das ›Grips‹ zu einem hochsubventionierten Theater avanciert. Manche Kritiker bemängelten, daß sich die

Abhängigkeit vom Berliner Senat immer nachhaltiger auf die Arbeit auswirkte und die Stücke von oben kämen. Das Theater schien ein jugendpolitisches Instrument in den Händen des Berliner Senats geworden zu sein.

Das ›Grips Theater‹ hatte inzwischen feinverästelte Produktionspläne ersonnen, die allen Mitarbeitern eine Beteiligung an den Entstehungsprozessen gewähren sollten. So wurden seit 1973 sogenannte Nachbereitungshefte herausgegeben, die Materialien zu den Inhalten der Stücke lieferten. Diese Hefte, von Pädagogen und ›Grips‹-Mitarbeitern verfaßt, sollten mithelfen, die Inhalte zu vertiefen und zu verarbeiten. Trotz mancher Kritik hat das ›Grips Theater‹ doch immerhin einen neuen Weg des Kinder- und Jugendtheaters beschritten und vielfältige Anregungen und Impulse zur Etablierung einer neuen Form von Jugendtheater gegeben. In vielen Städten entstanden ebenfalls Kinder- und Jugendtheater; so wurde 1971 in Hamburg das ›Klecks‹ nach dem Vorbild des ›Grips‹ gegründet. ›Grips‹-Stücke finden sich in vielen Spielplänen der nachgegründeten Gruppen und werden häufig auch von Schultheatern, Jugendverbänden usw. aufgeführt.

Das Kinder- und Jugendtheater ›Rote Grütze‹

Eines der bekanntesten Kinder- und Jugendtheater neben dem ›Grips‹ ist in Berlin die ›Rote Grütze‹. Seit ihrer Gründung im Jahre 1973 inszenierte man die Stücke *Darüber spricht man nicht*, *Was heißt hier Liebe* und *Mensch, ich lieb dich doch*. Alle Stücke wurden große Erfolge und von vielen Schulen und anderen Kinder- und Jugendtheatern gespielt. Doch der Beifall war nicht immer ungeteilt, zumal sich die ersten Stücke der Sexualaufklärung widmeten, womit schon die Gründungsgeschichte des Theaters beginnt.

Am Anfang stand die Idee des ›Grips Theaters‹, ein Stück über kindliche Aufklärung zu machen. Man stieß auf eine Vorlage, *Ich der Same, du das Ei,* die den Versuch unternahm, Sexualaufklärung auf spielerische Weise auch an kleine Kinder zu vermitteln. Es gab darin ein Wettrennen zwischen den Samen, wobei der Samen, der zuerst das Ei trifft, gewonnen hat. Dieses Stück eines schwedischen Autors, das sich jedoch nur mit den biologischen Vorgängen der Zeugung befaßt, gelangte zu Volker Ludwig, dem Leiter und Mitbegründer des ›Grips‹. Dieser beauftragte zwei Autoren, daraus eine Theaterfassung zu machen, mit der geprobt werden konnte. Eine Experimentiergruppe des ›Grips Theaters‹ nahm sich der entstandenen Bearbeitung an. Sie erweiterten das Stück durch Szenen, in denen soziale Zusammenhänge sichtbar wurden, da man der Auffassung war, Sexualerziehung sei nur unter Einbeziehung sozialer Umstände möglich. Man erinnerte sich der eigenen Sexualerziehung und an die ersten kindlichen Entdeckungsfahrten in Gestalt von Doktorspielen usw., die mit Verboten, Tabus, Strafen und Ängsten verbunden waren, merkte aber auch, daß solches erst einmal abgebaut werden mußte, bevor man den Kindern bei ihren Schwierigkeiten helfen konnte. Die auf diese Weise erarbeitete Aufführung war ziemlich chaotisch und schlug fehl.

Es kam zu einer Auseinandersetzung zwischen den Akteuren des Sonderprojekts und dem ›Grips Theater‹, wobei das ›Grips‹ die Auffassung vertrat, für sein Theater sei das Stück gestorben, man hätte kein Interesse mehr an dem Stoff. Thomas Gostischa, einer der beiden Autoren, sowie Holger Franke und Dagmar Dorsten wollten sich jedoch weiter mit diesem Stoff beschäftigen und versuchten, noch einige Leute dafür zu interessieren. Die Gruppe hatte sich damit selbständig gemacht und arbeitete nicht mehr unter dem Namen ›Grips‹ weiter. Im Freundeskreis wurden Leute gefunden, die Interesse an dem Thema hatten und es auch für wichtig genug erachteten, um es zum Inhalt einer längeren Arbeit und Auseinandersetzung zu machen. Man war sich aber klar darüber, daß die Gruppe etwas riskierte, indem sie sich vor etwa hundert Kindern stellen und ihnen erklären würde, wie Kinder entstehen. Denn da könnten Reaktionen und Zwischenrufe aufkommen, die im Moment für die Erwachsenen peinlich sind, auf die sie aber unter

Umständen in irgendeiner Form eingehen müssen. Daß es zu heiklen Situationen kommen konnte, hatte die Gruppe ja bereits erfahren, empfand diese Situation jedoch auch als spannend und herausfordernd. Die Personen, die weiter hinzukamen, waren keine Schauspieler, sondern ›Laien‹. Diese gemischte Besetzung aus professionellen Schauspielern und ›Laien‹ ist für die ›Rote Grütze‹ bis heute typisch geblieben.

Einer der Mitbegründer der Gruppe, Holger Franke, war vor seiner Kinder- und Jugendtheaterarbeit Schauspieler am Landestheater, hatte aber von sich den Eindruck, innerhalb des etablierten Betriebes nicht zu funktionieren, denn er vermochte keinen Zugang zum Arbeitsstil des etablierten Theaters zu finden. 1968 kam er nach Berlin, interessierte sich für Straßentheater und war von dem seinerzeit dort gastierenden ›Bread and Puppet Theatre‹ fasziniert. Er spielte Kabarett und lernte so die Leute des ›Reichstheaters‹ kennen.

Ein anderer Mitspieler, Alfred Cybulska, kam etwas später, während seines Pädagogik-Studiums, mit der ›Roten Grütze‹ in Kontakt und blieb bis heute. Helma Fehrmann, auch langjähriges Mitglied, fand nach jahrelanger Arbeit im Buchhandel und nach der Mitbegründung eines Kinderladens zu der Gruppe.

Heute kann die ›Rote Grütze‹ von ihrer Arbeit leben; doch das war nicht immer so. In früheren Jahren gab es einen Beschluß, wonach jedes Mitglied verpflichtet war, eine bestimmte Summe nebenbei zu verdienen. Die Gelder wurden durch Kneipenjobs, Stipendien, kleine Arbeiten beim Fernsehen usw. verdient.

Bislang hat die ›Rote Grütze‹ noch keinen festen Auftrittsort, konnte jedoch längere Zeit im TIK (Theater in Kreuzberg) spielen. Hier gab es mit 120 Plätzen eine übersichtliche Zuschauerzahl. Das TIK war ein Kneipen- und Theaterkollektiv, das später zerbrach. Ansonsten tritt die ›Rote Grütze‹ in den verschiedensten Räumlichkeiten zwischen Klassenzimmer und Theatersaal auf und veranstaltet auch sehr erfolgreich Tourneen durch das Bundesgebiet.

Die Stücke der ›Roten Grütze‹, besonders das erste Aufklärungsstück für Kinder *Darüber spricht man nicht,* waren von seiten der Schulen und auch der Eltern zuweilen umstritten. Immer wieder gab es Auseinandersetzungen mit Behörden oder politischen Instanzen, denen die Linie des Theaters nicht paßte und die Indroktination und Konterbande witterten.

Um überhaupt ein größeres Publikum zu erreichen, kam dem Theater in der Anfangszeit ein günstiger Umstand zur Hilfe. Es spielte im ersten Jahr seines Bestehens (1973) auf einem Grundschulkongreß in Berlin die Produktion *Darüber spricht man nicht* und fand großen Anklang. Da eine Begutachtungskommission vom ›Theater der Schulen‹ anwesend war, wurde das Stück in das Programm des ›Theaters der Schulen‹ aufgenommen. Veranstaltungen dieses Programms können von jedem Lehrer ohne Rückfrage beim Schulleiter besucht werden. Eine wichtige Hemmschwelle bei einem doch noch häufig als heikel empfundenen Thema war damit herabgesetzt. Zudem erbrachte die Aufnahme in das Schulprogramm eine erhebliche Bezuschussung der Eintrittspreise durch öffentliche Gelder.

Darüber spricht man nicht wurde in Berlin und auch im Bundesgebiet ein großer Erfolg und machte die Gruppe sehr schnell bekannt.

»In dem Stück wird nicht nur über biologische Vorgänge und Funktionen informiert, sondern Sexualität wird hier auch als emotionales, soziales und kommunikatives Erleben dargestellt. Das geschieht in der Form des Mitspieltheaters, in Szenen, Liedern, Gesprächen, Improvisationen und gemeinsamen Spielen. Einzelne Vorspielszenen sind eingebaut und werden mit Kindern besprochen.« (›Rote Grütze‹)

Die Badische Zeitung vom 30.09.1977 umschrieb das Spektrum der Meinungen mit der schlagzeilenhaften Frage: »Schamloses Machwerk oder pädagogischer Glücksfall?«

Ein erziehungswissenschaftliches Gutachten von Professor Dr. Koch, Universität Hamburg, lobt das Stück als hervorragenden Beitrag zur Sexualerziehung von Jugendlichen und beklagt ausdrücklich ein generell vorhandenes stummes Vermeidungsverhalten im sexualpädagogischen Alltag sowie in der Familie und den öffentlichen Erziehungseinrichtungen. Der Erziehungswissenschaftler hebt auch die Möglichkeit des Theaters hervor, mit heiklen, tabuisierten und heftig umstrittenen Fragen in spielerischer aber auch provozierender Form umzugehen.

80 Die Akteure der ›Roten Grütze‹ in dem Stück ›Was heißt hier Liebe‹, 1978

Freunde und Bekannte forderten die ›Rote Grütze‹ dazu auf, doch einmal ein Aufklärungswerk für Jugendliche zu machen, was sie mit ihrem 1976 erschienenen Stück *Was heißt hier Liebe* auch tat.

Die Inszenierung wurde ein noch größerer Erfolg als das erste Stück, zumal es bis dahin eine nennenswerte Jugendtheaterkultur nicht gab. Verschiedene Bühnen erwarben Aufführungsrechte und spielten das Stück nach. 1978 gewann die Theatergruppe einen vom damaligen Westberliner Senat für Familie, Jugend und Sport ausgeschriebenen Wettbewerb mit einem Stück über Drogen. Das Stück sollte auf die Gefahren des Drogenmißbrauchs aufmerksam machen. In über eineinhalb Jahren mühevoller Arbeit war die Produktion *Mensch ich lieb' dich doch* entstanden, die in der Premierenfassung fast vier Stunden dauerte.

Nach den Aufführungen versuchten die Akteure der ›Roten Grütze‹, mit dem Publikum ins Gespräch zu kommen und waren zuweilen erstaunt, daß die Jugendlichen von den Personen im Stück wie von guten Bekannten sprachen.

Da die Gruppenmitglieder nun beileibe keine Jugendlichen mehr sind, ihr Alter reicht von Anfang 20 bis Ende 30, haben sie sich für alle Stücke umfangreiche Recherchen zur Auflage gemacht. Sie bemühen sich, unter den verschiedensten Aspekten mit den Problemen, Nöten, Ängsten und Ausdrucksweisen von Jugendlichen vertraut zu werden und deren Reaktionen auf Konflikte zu verstehen. So wurde beispielsweise das Stück *Mensch, ich lieb' dich doch* mit sehr vielen Jugendlichen und Erwachsenen diskutiert, aber man führte auch viele Gespräche mit Sozialarbeitern, Pfarrern, Eltern von heroinsüchtigen Kindern oder ehemals Heroinsüchtigen, mit Streetworkern, Alkoholikern, Ärzten für Alkoholiker, Kriminalbeamten und Drogenberatungsstellen. Bei den Recherchen stellte sich eine immer größere Betroffenheit ein.

In dem zum Teil beträchtlichen Altersunterschied zwischen den Darstellern und den Figuren, die diese verkörpern sollen, liegt übrigens eine zentrale Schwierigkeit, denn mittlerweile haben einige der älteren Schauspieler einen Punkt erreicht, wo sie einfach keine Jugendlichen mehr spielen möchten.

Finanziell hat man sich so geeinigt, daß jedes Mitglied die gleiche Bezahlung erhält. Haben Gruppenmitglieder bei Erstellung eines neuen Stückes besondere Leistungen in Form von zusätzlicher Arbeit, etwa durch Regie oder Autorenschaft, erbracht, findet dies bei Verteilung der Tantiemen Berücksichtigung.

Für das erste Stück gab es einen Regisseur, der dann das Theater verließ. Beim zweiten Werk führte Jürgen Flügge, ein Dramaturg, Regie und leistete mit Holger Franke die Textbearbeitung. Bei *Mensch, ich lieb' dich doch* fand die Gruppe dann jedoch zu einer noch dichteren Form der gemeinsamen Inszenierung, denn die Regie wurde wechselweise von Mitgliedern und Freunden geführt.

›Mensch, ich lieb' dich doch‹

»Alle starren sensationssüchtig auf die Heroinsucht! Und sehen nicht, was im normalen Leben die normalen Leute normalerweise an normalen Drogen verdrücken.

Die Schule, wo das Stück aufgeführt wird, ist total voll. Die Schauspieler stellen sich vor: Der eine drückt sich, wo er nur kann, der andere ist voll da. Die 3. muß sich noch unbedingt eine tolle Hose kaufen, die 4. kaut aus Hemmungen anderen Menschen gegenüber Fingernägel, der 5. ißt aus Frust gerne Schokolade. Jeder Zuschauer muß über diese Vorstellung lachen. Im Grunde über sich selbst. Denn jeder könnte sich irgendwie wiederfinden.

Um eine dieser Drogen geht es in diesem Stück, eben um Heroin.

Gespielt wird die Geschichte einer Clique. Die Clique hält unheimlich gut zusammen. Man bespricht viele Probleme, die zu Hause oder auf der Arbeit auftauchen oder sich in den Freundschaften abspielen, und man versucht, eine Band aufzubauen. Jeder kann ein bißchen was, und es muß auch geübt werden. Der erste Frust breitet sich aus, weil es nicht so läuft, wie's soll und weil Speedy, die Sängerin, nicht mehr so oft kommt. Sie hat eine Menge Probleme im Kopf. Zu Hause klappt es nicht so richtig. Der Vater sagt zu allem ja und meint, wenn er seiner Tochter die neuesten Klamotten schenkt, ist die Welt in Ordnung. Die Mutter mokiert sich über das Verhalten ihrer Tochter, daß sie ständig im Jugendclub ist und jetzt schon in einer Band mitspielen will. Die einzige, die Verständnis hat, ist die Oma, eine grüne Oma, die davon träumt, daß Jung und Alt ganz toll was zusammen machen können. In der Schule läuft auch alles schief. Die Eltern kriegen einen Brief ins Haus, daß ihre Tochter kifft, was diese natürlich abstreitet. Sie verläßt die Schule und fängt eine fürchterlich frustrierende Lehre im Spielladen an, die sie wenig später wieder aufgibt. Sie gerät an etwas merkwürdige Typen, macht den ersten Schuß. Den fand sie ganz toll und hat es ihrer Freundin auch gesagt. Die Freundin, Grübchen, war erst auch total begeistert davon. Speedy macht aber weiter und reitet immer mehr ins Elend. Kein Geld, keine Bude.

Ab dem Zeitpunkt wurde für uns das Stück unheimlich spannend, weil sehr gut gezeigt wurde, wie sich jeder der Truppe unterschiedlich verhalten hat, und man sich selber dadurch fragen konnte: ›Was hätte ich in der Situation gemacht?‹

Grübchen hat sich unheimlich viel Mühe gegeben, Speedy bei sich zu Hause aufgenommen und war den ganzen Tag mit ihr zusammen. Speedy macht aber mit geklautem Geld die Mücke. Speedy geht dann zu einer anderen Freundin und möchte wenigstens für eine Nacht dort pennen. Die lehnt ab und schmeißt sie raus, weil sie in der Beziehung schon einmal schlechte Erfahrungen gemacht hat. Speedy wendet sich an einen anderen Freund, der sie sehr gern hat und am liebsten mit ihr in den Urlaub fahren möchte. Zum Treff kommt sie nicht, ist weg mit dem von ihm geliehenen Geld. Manche versuchen, mit ihr darüber zu reden und die Konsequenzen aufzuzeigen. Aber Speedy sagt nur: ›Na und, ist mir doch egal.‹ Man kommt gar nicht mehr an sie ran. Sie landet zum Schluß in der Intensivstation. Man weiß nicht, wie es mit Speedy ausgeht.

Die Gruppe steht ratlos mit ihrem Sozialarbeiter zusammen und überlegt. Was haben wir falsch gemacht? War es richtig, sie rauszuschmeißen oder aufzunehmen? Wer ist eigentlich daran schuld, daß es so ist, daß der eine seinen Frust ersäuft oder fixt? Kann man so einem Menschen helfen? Und wenn ja, wie denn? Fragen, die wir uns selbst stellen und beantworten müssen, denn wer von uns hat nicht sein kleines oder großes Ablenkungsmanöver parat, wenn's im Betrieb, zu Hause, in der Freundschaft nicht mehr hinhaut.« (›Rote Grütze‹, Info-Material)

›Darüber spricht man nicht‹

»Das fing so an: da kamen ein Mann und eine Frau. Die waren verkleidet. Denn der Mann war die Frau, und die Frau war der Mann, und die haben gefragt, woran man denn eine Frau erkennt und wie man dazu sagt. Also, die meinten den Pimmel und die Muschi. Da haben die Kinder ganz viele Namen gerufen, wie sie so sagen dazu. Ich hab mich nix getraut. Dann haben die sich ein bißchen ausgezogen und sich angemalt, einen Pimmel haben die sich auf die Unterhose gemalt und eine Muschi und Busen. Die haben gesagt, weiter ausziehen ist verboten. Und dann haben wir überlegt, warum viele Wörter für Pimmel und Muschi verboten sind und manche Leute ihr Gesicht verziehen – und warum ›Eierkopp‹ und ›Bierbauch‹ oder ›Fettwanst‹ nicht verboten sind. Und dann haben wir überlegt, daß es daran liegt, daß die Leute sich nämlich schämen. Wir haben ein Lied über das Schämen gesungen, daß man sich

81 Das Puppenrequisit aus dem Stück ›Darüber spricht man nicht‹ demonstriert den kleinen Zuschauern die Unterschiede der Geschlechter

eigentlich nicht schämen braucht, aber daß man's eben doch tut, aber daß das eigentlich doof ist.

Dann hat der eine Junge behauptet, daß Mädchen blöd und zickig sind. Dabei stimmt das nicht. Die Jungs waren nämlich selber blöd, die das gesagt haben, weil sie nämlich gesagt haben, sie können was, son Supersalto oder so, dabei konnte der das gar nicht. Der war nämlich blöd. Und außerdem haben wir Mädchen gewonnen beim Tauziehen.

Und dann haben sie Mutter, Vater, Kind gespielt. Das war eine Familie!! Die Eltern haben immer nur gemeckert. Die Kinder durften gar nix, nur gehorchen. Der Junge wollte seinen Traum erzählen, das ging aber nicht, er wurde immer gestört: ›Sitz gerade, Hol den Lappen, Bohr nicht in der Nase! Klecker nicht! Meeensch, blöd!‹ Hinterher hat er den Traum doch erzählt, der hat nämlich geträumt, daß Kacke auf dem Frühstückstisch liegt. Auweia! Die haben dann auch gesagt, daß sie das nicht in echt meinen. Aber daß es sie ärgert, daß die Eltern sich so schnell ärgern über jedes bißchen Dreck. Und das stimmt auch.

Und dann haben die sich auf dem Schulhof gestritten über Heiraten. Weil, der eine von denen, der hatte keinen Vater. Der Günter. Also ich meine, jedes Kind hat ja einen Vater, muß ja, haben die auch gesagt, sonst wär's ja nicht auf der Welt. Aber der Vater von dem Günter, also, der lebte gar nicht bei ihm und der Mutter. Und da haben sie ihn ausgelacht. Der hat sich aber nicht viel daraus gemacht. Der hat die ganz schön angebrüllt. Ist ja auch wirklich blöd, was kann er denn dafür? –

Dann sind zwei weggegangen und zwei, ein Mann und eine Frau, haben erzählt, wie das ist, Kinderkriegen und Kindermachen. Da gabs welche, die haben geglaubt, die Kinder kommen aus dem Po. Dabei kommen die doch aus der Scheide, bei der Frau! Wie die Kinder gemacht werden, haben die auch erzählt. Die haben erzählt, daß Mann und Frau, also was die da machen, so Geschlechtsverkehr oder so, daß die das nicht nur machen wegen Kinderkriegen, sondern wegen Spaß. Also, daß das Spaß macht, sich zu streicheln und zu küssen und sich liebzuhaben. Und daß der Pimmel dann in die Muschi reinkommt. Die haben gesagt, daß Liebe schön ist und daß das alle Menschen machen. Die haben auch noch gesagt, was man machen kann, wenn man keine Kinder haben will. Dann kam eine riesengroße Puppe. Auf der einen Seite war die Frau, auf der anderen Seite der Mann. Da hat die eine Frau erklärt, wie das mit den Eierstöcken und dem Samen ist und wie ein Baby entsteht. Dann hat ein Baby aus dem Bauch der großen Puppe erzählt, wie es dadrin lebt, und dann ist es rausgepurzelt. Das war die Geburt. Das war spannend. Und wir haben gesungen ›Happy birthday to you!‹ Das war schön.

Und dann haben die Geschichten erzählt, wie sie Angst gekriegt haben, weil die Mutter geschrien hat, daß sie sich an die Muschi angefaßt haben. Das ist das Doktorspiel. Das kenn ich. Und die haben gesagt, daß die Angst blöd ist. Und daß die Muschi doch auch zu einem gehört wie die Nase und der Pimmel auch. Und die Erwachsenen fassen sich ja auch da an. Der eine hat die Erwachsenen dann gefragt, wie sie das finden. Da haben alle gelacht. Aber einer

Marie Luise Holtz, Gründerin des ›Theater Nah-Bei‹, hat auch für das Mitmach- und Animationstheater sensible Techniken entwikkelt, die den elementaren Wissensdurst und Hang zu theatralischer Kommunikation bei Kindern und Jugendlichen berücksichtigen.

Das ›Theater Nah-Bei‹ erhielt für den Modellversuch ›Künstler und Schüler‹ finanzielle Unterstützung vom Bundesministerium für Bildung und Wissenschaft. Der Modellversuch (1977–1979) bezieht sich auf neue Formen des schulischen und außerschulischen Lernens und versteht unter Lernen das Entwickeln und Entfalten von weitgefächerten menschlichen Bedürfnissen und Anliegen.

Es war angestrebt, »die Kinder und Jugendlichen zum koordinierten Zusammenwirken zu befähigen, sie vorhandene Werte erkennen und pflegen zu lassen und eigene schöpferische Gestaltungen durchzuführen«. Sie sollten dadurch ihre eigenen Fähigkeiten sozial und kreativ entwickeln und dabei eine eigenständige Orientierungsebene finden. Das Modell von ›Nah-Bei‹ bezog sich auf »kulturelle Werte (Kunst), Werte der gesellschaftlichen Umwelt (Mitbürger, Partner), Werte der organischen Umwelt (Natur) und Werte der anorganischen Umwelt (Altmaterial, Materialien)«. Dazu wurde Literatur gelesen und kreativ durch Gedichtaufbereitung und theatermäßige Auseinandersetzung bearbeitet. Dramatische Handlungen und Texte entstanden gemeinsam. Lieder erfuhren eine bildliche und darstellerische Ausstattung.

In diesen gemeinsam inszenierten Stücken wurden zwischenmenschliche und gesellschaftliche Probleme behandelt und historische Situationen im Spiel aufbereitet. Die Schüler bekamen Arbeitsweisen des Theaters vermittelt, wie Bühnenbildentwürfe, Dekorationsherstellung, Masken, Schminken, Kostümherstellung, Proben, Regiearbeit und Dramaturgie. Das mag nach einer großen Stoffülle programmatischen Lernens aussehen, doch ist man bei ›Nah-Bei‹ damit besonders behutsam und verzichtet lieber auf ein Angebot, als daß man eines zuviel anbietet. Vielmehr läßt man den Kindern Raum zu eigenständigen Entdeckungen.

So wurde mit Hauptschülern ein Stück aus dem Revolutionsjahr 1848 erarbeitet. Damit erfuhr eine geschichtliche Situation die Umsetzung in ein Spiel, an dem alle Schüler mitwirken konnten. Die Schauspieler von ›Nah-Bei‹ boten ein Handlungsgerüst an, das von den Schülern immer mehr erweitert wurde, bis das Stück eine Länge von vier bis fünf Stunden hatte. Anhand der Biografie dreier Lehrlinge sollten frühere Zeitsituationen begreifbar gemacht werden. Zur Bühnendekoration wurden Häuser aus Pappe gebaut, und in Arbeitsgruppen versuchte man eine Vorstellung davon zu gewinnen, wie Lehrlinge früher wohl gelebt haben könnten. Die drei erlernten die alten Handwerksberufe des Schusters, Bäckers und Büchsenmachers. Für das Spiel wurden Entwürfe gemacht, wie es bei ihrer Arbeit zuging, wie ihre Ernährung war, welche Einstellung sie hatten und welchen Schwierigkeiten sie gegenüberstanden, und die Schüler wurden zu eigenen Liedern und Versen angeregt, denn eigenständiges Erforschen und Entdecken stellt für ›Nah-Bei‹ eine zentrale Programmatik dar.

Mit verschiedenen Schulklassen wurde ein Steinzeitspiel durchgeführt, wozu die Animateure von ›Nah-Bei‹ mit einer begleitenden Lehrkraft für eine Woche in ein Schullandheim der Lüneburger Heide fuhren, in dessen Nähe sich eine größere megalithische Steinanlage befindet. Bei Ausflügen in die Landschaft ging man mit den Kindern in die Nähe dieser alten Kultstätte und legte außer Sichtweite der Anlage eine Rast ein. Die Kinder begannen nach einiger Zeit die Umgebung zu erforschen und kamen aufgeregt mit dem Bericht von den großen Steinen zurück. Auf die Frage, was das sei, erklärte Marie Luise Holtz ihnen: »Das sind die Gräber eurer Vorfahren.« Damit entzündete sie die Neugierde der Kinder noch mehr. Manche der begleitenden Lehrkräfte wurden bei solchen Fragen recht ungeduldig und wollten ihr Wissen endlich heraussprudeln. Doch es gab Abmachungen, dies zu vermeiden. So kamen einige Antworten, aber nie umfassendes und erstickendes Faktenwissen. Die Neugierde der Kinder steigerte sich, und ›Nah-Bei‹ konnte sie zu einem Steinzeitspiel animieren, das auf wirklichem Interesse basierte.

Viele Aktivitäten der Kinder geschahen dabei ohne Einwirkung der Spielanimateure. So bauten sie primitive Zweighütten und tarnten diese so gut, daß sie von den Erwachsenen manchmal erst nach langem Suchen gefunden wurden. Die Theaterleute erzählten ein wenig von den Berufen der Steinzeit, und so bildete man zwei Gruppen: die Jäger und die Sammler und Korbflechter, die untereinander in Tauschhandel traten. Aus diesen Anstößen entwickelten die Kinder ihr Spiel dann weiter. Eine Gruppe von Sonderschülern begann selbsttätig mit der Ausübung eines erdachten Ritus. Sie hatten sich das Schädelskelett eines Schafes als Symbol für die Gruppe gewählt und versammelten sich um diesen Fetisch.

Es wurden Faustkeile geschlagen, Hütten gebaut, Kultstätten errichtet, Vorräte angelegt, Feste geplant und durchgeführt sowie vieles andere mehr. Schwierigkeiten für die Spielanimateure gab es immer wieder mit dem Lehrpersonal, das die Kinder in traditioneller Form mit Wissen vollstopfen wollte. Bei anschließenden Museumsbesuchen verstanden einige Wächter die Welt nicht mehr. Wann hatte man schon einmal eine Schülergruppe erlebt, die sich so ausführlich mit dem Ausstellungsinventar der Steinzeit beschäftigte. Nicht ohne gewisse Rührung berichteten die Theaterleute von einer zehnjährigen Sonderschülerin, die sich in tiefem Ernst das Runenalphabet abzeichnete.

Die Arbeit des ›Theater Nah-Bei‹ erstreckt sich nicht nur auf Kinder- und Jugendtheateraktivitäten, sondern es wird auch Theater für Erwachsene gespielt, wofür es einen mehr oder weniger festen Kern von versierten Schauspielern gibt.

Marie Luise Holtz war ab 1946 an der Hannoveranischen Schauspielschule, später Akademie für Musik und Theater, als Hauptlehrerin und stellvertretende Schulleiterin angestellt. Dort regte sie ihre Schauspielschüler zu Improvisationsübungen an, was damals noch als ungewöhnlich galt. In Canada arbeitete sie mit interessierten Laiendarstellern (vielen Studenten und Sozialarbeitern), betrieb eine Schauspielschule, ein Uraufführungsstudio und ein Wandertheater.

Später kehrte sie nach Deutschland zurück, um hier mit ihren erworbenen Kenntnissen und Erfahrungen weiterzuarbeiten. Zunächst gab sie Volkshochschulkurse und inszenierte verschiedene Stücke, zum Teil in Zusammenarbeit mit anderen Theatern wie der Kinderbühne Hamburg. Dann gründete sie das ›Theater Nah-Bei‹ und gewann bald mehrere Mitspieler. Diese Projektdurchführung machte eine hohe finanzielle Verschuldung erforderlich; Marie Luise Holtz ließ sich sogar ihre Rentenversicherung auszahlen, um das Geld in ihr Projekt zu investieren.

Der Name ›Nah-Bei‹ drückt etwas über das Programm des Theaters aus. So sagt Marie Luise Holtz: »Es soll den Leuten in die

Wohnküche kriechen, soll im Stadtteil sein, den Lebensbereich der Mitbürger mit einbeziehen und soll aus dem sozialen Biotop wachsen.« Zu Inhalt und Methodik erklärt sie: »Wir wollen immer im direkten Kontakt mit dem Publikum sein und uns nicht auf diese oder jene Ästhetik festlegen, sondern das tun, was der Moment, die Wirklichkeit, vorschlägt, und dabei kann man nicht perfekt sein, oder man geht auf die Wirklichkeit nicht richtig ein. Die eigene Systematik kann der Wirklichkeit nicht oktroyiert werden. Später kann man schauen, was eigentlich passiert ist und versuchen, die Methodik zu begreifen, die angewandt wurde, immer in der Bereitschaft, sie über den Haufen zu werfen, wenn die Gegebenheiten sich ändern. Wir sind für perfektes technisches Handwerkzeug, nicht aber für Perfektionismus in bezug auf das Ergebnis des Augenblicks; da sollte das Lebendige, die Relevanz für das Publikum immer dem Perfektionismus voranstehen. Das Theater befaßt sich mit dem Menschen, ist eine menschliche Sache und muß ganz hautnah werden. Der Perfektionismus schiebt sich leicht dazwischen wie ein Panzerglas.«

›Nah-Bei‹ bietet neben seiner Theaterarbeit ein umfassendes Kursprogramm in verschiedenen Bereichen an. So laufen Kurse für Musik, Aktzeichnen, Keramik, Batik, Rhetorik und Holzschnitzen. Durch neue Ideen von Lehrenden und Kursteilnehmern verändert sich das Angebot ständig. Einige Kurse vertiefen auch die Theaterarbeit nicht nur im schauspielerischen, sondern auch im textgestaltenden Bereich. Der innere Kern der Gruppe, der Kurse veranstaltet und an verschiedenen Aufgaben beteiligt ist, besteht aus 15 bis 20 Personen. Die Aktivitäten des ›Theater Nah-Bei‹ werden durch einen Modellversuch der Robert-Bosch-Stiftung finanziert.

›Nah-Bei‹ ist in einem ehemaligen Gutshaus im Hamburger Stadtteil Harburg untergebracht, wofür die Stadt Hamburg den Grundstock an Miete bezahlt. Sie ermöglicht auch die feste Anstellung von Dörte Ellerbrock, die seit 1977 bei ›Nah-Bei‹ mitarbeitet und seit Beendigung ihres Kunststudiums zur Kerngruppe des Theaters gehört. Neben ihrer Arbeit als Schauspielerin und Spielanimateurin leistet sie die umfangreichen Organisationsarbeiten und gibt verschiedene Kurse. Manchmal kommen Menschen in das von Grünflächen umgebene alte Gutshaus und möchten gärtnern oder einfach im Garten sitzen. Marie Luise Holtz: »Diese pflegliche Haltung zu Pflanzen und Tieren sensibilisiert die Menschen, sie fühlen sich wohl, spüren die Gemeinschaft, wachsen zusammen und haben das Gefühl, sich ausweiten zu können. So entsteht Kunst, und so entsteht die soziale Wirkung der Kunst. Was wir wollen, ist Kultur als Lebenshaltung.«

Das Motto, unter das die Arbeit vom ›Theater Nah-Bei‹ gestellt werden könnte, heißt Wachsen. Überall werden Wachstumskräfte aktiviert und Keime gelegt, aus denen evolutionäre Kräfte sprießen, werden doch hier vielerlei Bedürfnisse und Anlagen des Menschen weiterverfolgt und entfaltet.

Das ›Theater Zeppelin‹

»Wie ein Zeppelin hochsteigen und Ballast abwerfen«, so lautet das Gründungsmotto des ›Theaters Zeppelin‹. Gegründet wurde ›Zeppelin‹ im Jahre 1978 durch Stefanie Grau und Judith Compes, nachdem Stefanie Grau gerade mit ihrer Ausbildung in ›Mime Corporelle‹ bei Etienne Decroux und Yves Lebreton fertig geworden war und Judith Compes ihren Lehrerberuf aufgegeben hatte, um in Hamburg eine Schauspielausbildung zu beginnen. Beide wollten für Erwachsene, aber auch für Kinder spielen. Als Musiker und Schauspieler kam noch Michael Kurtz hinzu.

Der ›Zeppelin‹ wählte Hamburg als festen Bezugsort und inszenierte sein erstes Stück *Zwerg Nase,* wofür das gleichnamige Märchen von Wilhelm Hauff lediglich als lockere Vorlage diente. Das Straßentheaterstück erzählt von Molly und Biene, zwei Straßenfegerinnen, die im Müll ein Märchen finden und ihre Lust am Spiel entdecken. Sie verwandeln und verzaubern sich in Märchenfiguren und erleben deren Wirklichkeit, ohne die eigene Realität zu verlassen. Dabei werden die jungen Zuschauer zum Mitmachen animiert und sind bald in die Handlung einbezogen.

Angeregt durch den Spielfilm *Molière* (mit der Lebensgeschichte Molières) entstand schließlich der etwas romantische Traum, mit einem Pferdewagen durch die Lande zu ziehen und Theater zu spielen. Lange suchte die Gruppe nach einem geeigneten Gefährt, bis man schließlich einen alten Planwagen und zwei Pferde fand.

Nach einiger Vorbereitungszeit wurden noch weitere Akteure für das Unternehmen begeistert, und bald zog eine zehnköpfige Gruppe mit einem Pferdewagen, auf dem sich eine transportable Bühne und allerlei Ausrüstung befanden, durch die Lüneburger Heide. Die Akteure kamen aus verschiedenen Berufen, wie Lehrer, Handwerker und Schauspieler. Sie nannten sich das ›Fliegende Theater Zeppelin‹, und eine gute Portion Sehnsucht nach der alten umherziehenden Commedia dell'arte war hier gewiß motivierend im Spiel.

Für ihre ungewöhnliche Gastspielreise durch kleine Städte und Dörfer hatten die Akteure eine *Heideshow* erarbeitet, deren Inszenierung auf einem Märchen von Hermann Löns aufbaut, das von Salzbergwerken, Bohrtürmen und unterirdischen Riesen handelt. Sie erfanden verschiedene Interpretationen des Volksliedes ›Heideröslein‹ und studierten ein sog. ›Heideröslein-Ballett‹ ein. Unterteilungen des Spiels trugen Namen wie *Dr. Jekyll und Mr. Heide* oder das *Punkröslein.* Beim Fernsehen lieh man sich alte Kostüme aus.

Die Bevölkerung reagierte sehr unterschiedlich auf die Darbietungen der Theatergruppe: mancher ging ihr aus dem Weg, mancher freute oder erboste sich über die anzüglichen Witze und Anspielungen. Am Ende der einmonatigen Reise waren sich die Akteure aber darin einig, daß sie weiterhin gemeinsame Theaterarbeit machen wollten. Seit der Zeit existiert neben dem ›Theater Zeppelin‹ das ›Fliegende Theater Zeppelin‹ mit einem Kreis von zehn bis 20 Laienschauspielern, deren Kern aus den drei Mitgliedern von ›Zeppelin‹ besteht.

›Zeppelin‹, das in einer Fabriketage von Hamburg-Eimsbüttel einen festen Probeort fand, machte nun verschiedene Inszenierungen für Kinder und Erwachsene und bot Kurse für Pantomime und körperlichen Ausdruck an.

82 Das ›Fliegende Theater Zeppelin‹ mit dem Thespiskarren unterwegs durch die Lüneburger Heide

1980 kam ein neues spektakuläres Stück in großer Besetzung heraus, als man den *Faust* in einem Hinterhof inszenierte. Anfangs gab es zunächst verschiedene Ideen für eine Bühneninszenierung, doch dann empfand man eine Bühne als kaum geeignet für diesen Stoff und entschloß sich, den Hinterhof als Spielort zu nutzen. In den unbeheizten Theaterräumen wurden die Probearbeiten aufgenommen. Die Premiere fand im Hinterhof der Fabriketage statt, der auf einer Seite von einer Wohnhausfront begrenzt wird. So mußte ein Teil der Zuschauer die Wohnung gar nicht erst verlassen, sondern brauchte nur den Fernseher auszuschalten und aus dem Wohnungsfenster zu gucken, um das Schauspiel zu verfolgen. Nachdem das Stück mit großem Erfolg anlief, wurden auch andere Hinterhöfe bespielt.

Bei der Inszenierung ging man von der Grundidee aus, daß in jedem Menschen etwas Faustisches steckt, und so spielte jeder Darsteller im Laufe des Stücks einmal den Faust. Natürlich hielt

83 Das ›Theater Zeppelin‹ spielt eine eigenwillige Bearbeitung des ›Faust‹ in einem Hinterhof. Hier: Szene im Wirtshaus

84 Die Szene zeigt Faust beim Studium seiner Bücher, zu denen er ein orgiastisches Verhältnis entwickelt

85 Ein Lastenkorb wird zum Vehikel der Himmelfahrt: Nach der Stimme von oben: »Sie ist gerettet«, gibt der Inspizient das Zeichen zum Anhieven . . .

man sich nur relativ locker an das Original. So steigt Mephistopheles eine Feuerleiter hinauf und holt sich bei Gottvater, der auf dem Hausdach in Nebelschwaden Tennis spielt, die Erlaubnis, den Faust zu versuchen. Beim Osterspaziergang schiebt Wagner seinen Herrn Faust auf einem skurrilen einrädrigen Gestell; darauf steht Faust, den Körper mit goldener Farbe bemalt, in unbeweglicher und heroenhafter Pose. In der Wirtshausszene schließt Mephistopheles unvermittelt eine Geige an einen elektrischen Verstärker an, und die seltsamen Wirtshausbesucher, unter ihnen ein Indianer in vollem Federschmuck, müssen sich unerbittlich zu kreischender Tanzmusik drehen.

34

35

Eine Inspizientenfigur bindet die Szenen aneinander, indem sie die einzelnen Akteure auf die Bühne ruft oder Kommandos wie etwa »Spot an, Engel ab« erteilt. Häufig sind Instrumentenspiel und Gesang in die Handlung eingeflochten.

Bespielt wird der gesamte Hinterhof. An vielen Stellen sind Requisiten aufgestellt, an Fenstern oder Lastentüren erscheinen schattenhafte Gestalten. – So wird allerorten für eine Verdichtung des dramaturgischen Raumes gesorgt, und vorhandene Gegebenheiten werden weidlich genutzt. Zum Beispiel entschwindet Gretchen in der ›Kerkerszene‹ in einem Container, der an einem Lastenkran befestigt ist.

Die Idee des ›Faust‹ wird seltsamerweise durch die vielschichtige Komik und die skurrilen Einfälle nicht negiert, und so bleibt das Stück trotz aller humorvoller Eigenart letztlich *der* ›Faust‹.

Eine Werbung für das Spektakel wurde jeweils nur in dem Stadtteil betrieben, in dem die Aufführung stattfinden sollte. Es kamen Zuschauer aus der engeren und weiteren Nachbarschaft, und natürlich schaute man auch aus den vielen Wohnungsfenstern rund um die jeweiligen Hinterhöfe zu. Das Publikum reagierte, trotz der ungewöhnlichen Darstellungen, überwiegend positiv.

Dem ›Fliegenden Theater Zeppelin‹ geht es nicht darum, einen außergewöhnlichen und bemerkenswerten Stil zu kreieren oder besonders gut oder originell zu sein. Als wichtiger Motor wird vielmehr die Reaktion eines Miteinandertuns empfunden, die Begegnung mit den Mitspielern, auf die man sich immer wieder neu einstellen muß und die in ihrer Eigenart stets neu entdeckt werden. Es ist das persönliche Interesse am Nächsten, an seinen Problemen und an seiner Art des Menschseins, das die Gruppe kennzeichnet. Die Entstehung eines Stückes ist daher eng mit der Konstellation des Personenkreises und der daraus erwachsenden Atmosphäre im Sinne eines kreativen Spannungsfeldes verzahnt. Da die Inszenierungsweise des *Faust* typisch für das ›Fliegende Theater Zeppelin‹ ist, soll sie hier kurz beschrieben werden.

Jeder Darsteller las sich zunächst mehr oder minder intensiv in Goethes ›Faust‹ ein und ließ sich von einzelnen Stellen und Angelpunkten zu szenischen Ideen inspirieren, die er dann den anderen vorschlug oder vorspielte. Diese Vorschläge wurden von den anderen Akteuren entweder gleich angenommen, oder man diskutierte über sie, was dann zu ihrer Annahme oder ihrer Ablehnung führte. Häufig folgten einer Idee für eine Szene noch weitere Vorschläge und Einfälle als Ergänzungen anderer Gruppenmitglieder. Judith Compes beschreibt das Vortragen einzelner Szenenvorschläge so, daß jemand, der mit seinen Vorstellungen auf die Ablehnung der anderen Mitspieler stößt, nicht gleich in seiner Kreativität abgewürgt wird, sondern man motiviert ihn dazu, die eigene Idee stärker zu konkretisieren. Ist die Person dazu in der Lage, wird dies meistens von den anderen entsprechend akzeptiert. Die einzelnen Szenenvorschläge verdichten die Struktur eines Stückes immer mehr, und so entsteht nach und nach aus diesem Puzzle eine festere Inszenierung. Erst wenn wesentliche Teile des eher assoziativ funktionierenden Gebäudes feststehen, wird die Spielhandlung auf ein mögliches Verständnis durch den Zuschauer hin überprüft. Dabei schafft man an wichtigen Eckpunkten einen Überbau, der auf Konkretisierungen der Gesamtaussagen abzielt.

Stadt statt Dschungel – Dschungel statt Stadt

Im Anschluß an die Erfahrungen, die man als umherziehende Theatergruppe und mit dem Hinterhof-*Faust* sammeln konnte, wählte sich das ›Fliegende Theater Zeppelin‹ wiederum einen ungewöhnlichen Spielort. Denn die Truppe führte in einer Hamburger Schwimmhalle unter Einbezug aller baulichen Gegebenheiten, einschließlich des Schwimmbeckens, das Stück *Stadt statt Dschungel – Dschungel statt Stadt* auf. Die Zuschauer des Stückes sitzen an einer Längsseite des Schwimmbeckens und auf einer Empore. Querseiten und die gegenüberliegende Längsseite des Beckens bleiben für das Spiel frei. Eine der zwei Wendeltreppen, die Erdgeschoß und Empore verbinden, ist ebenfalls für die Aufführung reserviert. Am Eingang des Bades, nicht weit von Becken entfernt, liegt der gläserne Aufsichtsraum des Schwimmeisters, dessen Platz nun der Moderator des Spiels eingenommen hat. Der Bereich der Duschen ist durch halbrunde Säulenbogen von der Schwimmhalle abgegrenzt, gegenüber den Zuschauerreihen sind die Umkleidekabinen. Die Halle ist in tristes Neonlicht getaucht, es riecht nach Chlor und Desinfektionsmitteln. Auf der Empore sind zwei Scheinwerfer installiert. Während der Vorstellung wird die Deckenbeleuchtung ausgeschaltet und eine spannungsreiche Szenerie mit den Scheinwerfern und der Teilbeleuchtung des Schwimmbades bis in den Duschbereich geschaffen.

Stadt statt Dschungel – Dschungel statt Stadt erzählt die Geschichte des Jungen Carl Hagenbeck und seiner Mutter, einer Fischhändlerin. Carl kommt eines Tages mit dem Dschungelbuch zu seiner Mutter und eröffnet ihr, er wolle Mogli werden, worauf ihm die Mutter bedeutet, er solle sich das aus dem Kopf schlagen, da er Fischhändler würde und sonst gar nichts. Doch Carl will kein Fischhändler werden und schifft sich nach dem Streit mit seiner Mutter nach Übersee ein, um Mogli zu werden. Die Überfahrt findet natürlich im Schwimmbecken statt, das mit einem kleinen Kunststofffloß befahren wird. Als er mitten auf dem Ozean ist, schaltet sich der Moderator aus dem Glaskasten ein und kommentiert das Geschehen im Stile einer Live-Übertragung.

Schließlich landet Carl in Übersee, geht in den Dschungel und wird Mogli. Er erlebt den großen Kampf mit dem Tiger, besiegt ihn und zieht dem Ungeheuer das Fell ab.

In dem Stück wird sehr wenig gesprochen, lange Passagen der Spielhandlung zeigen mimische Aktionen, die außerordentlich vital und lebendig vollzogen sind. Viele Tiere werden verkörpert, fauchende, zischende und heulende Laute durchziehen den Raum und steigern sich durch die spezifische Schwimmhallenakustik in ihrer Wirkung.

Alle Spiele und Kämpfe des Dschungels werden von den insgesamt 22 Akteuren mit einer bemerkenswerten Konsequenz durchgehalten. Ein gezupfter und gestrichener Kontrabaß sowie Trommeln begleiten weite Teile des Stückes, das auch Gesangseinlagen und den Einsatz von Saxophon und Querflöte bereithält. Irgendwann bekommt Mogli alias Carl fürchterliches Heimweh und macht sich mit einigen Tieren, die seine Freunde geworden sind, auf die Heimreise. Als sie in Hamburg landen, bekommen die Hanseaten fürchterliche Angst vor den Tieren, was diesen viel Freude bereitet. Auch Carl ist ganz zufrieden, versteht nur nicht, weshalb ihm kein großer Empfang bereitet wird. Man zeigt sich vielmehr empört über seinen Lebenswandel, macht ihm klar, daß er gegen viele Paragraphen verstoßen habe und unterzieht ihn bald einer schlimmen Gehirnwäsche. Die Leute der Stadt, allen voran ein Mann mit einer Uniformmütze (alle Darsteller tragen während des ganzen Spiels Badekleidung) und seine Mutter, zwingen ihn, seine Freunde einzusperren und ein ordentliches Leben zu beginnen. Die Menschen, die dies fordern, sind sichtbar in ihrer eigenen Lebensvitalität zerstört, wissen darum und fordern auch von Carl den Selbstruin.

Die Spielhandlung ist mit vielen Metaphern durchsetzt, die hier nicht ausführlich dargelegt werden können, da sie erst aus dem Spannungsfeld der verkörperten Aktion, der Sprache, den Lauten und der Musik ihre eigentliche Wirkung beziehen. Der Spielfluß ist sehr dynamisch; immer wieder kommt es zu unerwarteten Nebenhandlungen und Handlungsübergängen. Zeitweise laufen an vier verschiedenen Stellen Szenen, die untereinander scheinbar keine Verbindung haben, sich dann aber irgendwann zwangsläufig treffen, um wieder, ihrer eigenen Gesetzmäßigkeit folgend, in eine andere Richtung zu streben. Da der Spielmittelpunkt das Schwimmbecken ist, gibt es eine Reihe von Aktionen auf und in dem Wasser, und selbst die Badekabinen werden nachhaltig in das Spiel einbezogen.

Während sich das ›Fliegende Theater Zeppelin‹ als eine Gruppe, die nicht von ihrer Arbeit leben muß, viele spielbetonte Akzente erlauben kann, gestaltet eine kleine professionelle Gruppe unter dem Namen ›Theater Zeppelin‹ ihre Inszenierungen wesentlich straffer. Da gibt es z. B. das Stück *Wie lang ist die Chaussee?*, ein Licht- und Schattenspiel für zwei Personen (Stefanie Grau, Darstellerin; Thomas Niese, Kontrabaß), das eine fast atemberaubende dramaturgische Dichte erreicht. Stefanie Grau erschließt den Raum durch Tanz und Bewegungen, die wiederum vom Kontrabaß getragen werden.

»Dieses Spiel ist nicht durch Inhaltsangabe und Interpretation erklärbar. Es dient bewußt der freien Assoziation durch die Zuschauer, ihrer emotionalen Ansprechbarkeit und visuellen Empfangsbereitschaft.

Die Geschichte eines Nachttraums, der vorbereitet auf den folgenden Tag, der bei der Bewältigung des vorangegangenen Tages hilft. Schwarz und Weiß. Licht und Schatten, Raumbegrenzungen und -eroberungen sind die Ausdrucksmittel. Dazwischen ein Mensch, der auf Schattenwand und Spielfläche immer mehr von sich zeigt, von sich preisgibt. Dessen Körperteile Geschichten erzählen. Der sich aus der Verpuppung des Tagesgeschehens löst und seinem Körper Freiraum läßt. Der das Licht wandern läßt, natürliches Licht in seinen Spielraum verbannt, mit sich spielt und spielen läßt.

Das Licht produziert Schatten, das Zwielicht zwischen Nacht und Tag vertreibt sie. Mensch mit Schatten, mit zwei Schatten ohne Mensch. Fließende Grenzen zwischen Traum und Wirklichkeit. Geträumte Realität, gespiegelte Traumwelt, projizierte Tatsachen des Tages durchbrechen die Nacht, lassen einen neuen Tag ahnen, halten ihn noch auf.

Dazu Töne, Klänge, Vibrationsfetzen, Zerrtöne, Klagelaute, Tanzklänge, Herzschläge. Die Musik des Kontrabasses folgt dem Körper in Bewegung, treibt ihn voran, holt ihn aus dem Schatten, verdichtet seine Existenz für den Betrachter. Einbruch des Tages – Neuanfang: die Nacht ist säuberlich aufgerollt, der Mensch voller Erwartung auf den Tag. Er spinnt sich gleichzeitig wieder ein in den Tagesfaden, verstrickt sich in Zeit und Geschehen, in Entscheidungen und Probleme.« (›Theater Zeppelin‹)

Das ›Theater zwischen Tür und Angel‹

›Zwischen Tür und Angel‹ ist ein Bühnen-, Straßen-, Mitspiel-, Kinder- und Zielgruppentheater. Die zwei Mitglieder, Michael Batz und Horst Schroth, suchen nach vielfältigen Ansätzen für Theaterarbeit und möchten nicht nur Stücke abliefern, bei deren Aufführung der Zuschauer dann sehen muß, was er damit anfängt. Sie

86 Das ›Theater zwischen Tür und Angel‹ mit ›Mr. Cool's Sperrmüll-Opera‹, ein Stück über modernes Leben in der Arbeitswelt mit Ex- und Hopp-Mentalität (nicht nur bei Gegenständen) und ›coolen‹ Verhaltensweisen

betrachten vielmehr die Erforschung des Freien Theaters in seinem Selbstverständnis und in seinen Relationen zu unserer Gesellschaft als einen lebendigen Prozeß, der ständig neu überprüft und definiert werden muß.

Gespräch mit Michael Batz

Euer Theater besteht seit 1977. Auf welche Weise habt Ihr Eure Arbeit begonnen?

Es war für uns beide der zweite Anfang. Horst und ich hatten einen verschiedenen Beginn. Ich bin über das studentische Laienspiel zum Freien Theater gekommen und gehörte auch einer halbprofessionellen Gruppe, dem ›Circus Maximus‹ an, der ein großes Freilichtspektakel veranstaltete. Horst hatte im Stadttheater Pforzheim Statisterie

87/88 Das ›Theater zwischen Tür und Angel‹ unterwegs mit seiner ›Theaterfeuerwehr‹ in Hamburger Stadtteilen: Animation zu kreativen Spielen

89/90 Mitspielaktionen des ›Theaters zwischen Tür und Angel‹ sollen die Kommunikationsebene zwischen Akteuren und Zuschauern auflockern

und Regieassistenz gemacht. Wir kamen beide nach Hamburg und lernten uns in einem Pantomimeworkshop kennen. Nach dem Sprechtheater wollten wir auch mehr vom Körpertheater kennenlernen. Mit dem, was wir dort gelernt hatten, gingen wir einfach auf die Straße und nannten uns ›Theater zwischen Tür und Angel‹.

In welchem Beruf habt Ihr vorher gearbeitet?
Horst war Betriebswirt und ich Schulreferendar.

Wie waren Eure Ausbildungen in bezug auf das Theater?
Wir haben Privatunterricht in Sprecherziehung und Fechten genommen und absolvierten Workshops für Pantomime in Paris und Hamburg. Die entscheidende Ausbildung haben wir uns eigentlich über die Arbeit geholt und da wiederum auf der Straße, was für uns die wichtigsten Erfahrungen brachte.

Zurückblickend auf Eure Arbeit, welche Phasen gab es da?
Am Anfang gab es die Phase des Experimentierens und Probierens und zwar in zweierlei Hinsicht: Erstens sich selbst erfahren, herausbekommen, was kann ich, was ist überhaupt möglich, was hat einem vorher niemand gesagt und geht trotzdem und zweitens ein neues Terrain beschreiben; was bedeutet es, in Großstädten oder irgendwo in der Provinz, mit einem Male auf einer Straße oder einem Marktplatz zu stehen und dort Theater zu machen? Was bedeutet es, mit unbekannten Leuten einen unmittelbaren Kontakt herzustellen? Was bedeutet es, über die Form Theater Kommunikation aufzunehmen?

Die zweite Phase könnte man mit einer beginnenden Professionalisierung umschreiben. Wir hatten gesehen, daß sich unsere Theatervorstellungen realisieren ließen, und waren selbst überrascht darüber. Nun kamen Fragen der Organisation. Wir hatten nach der ersten Phase nun mit einem Male die Aufgabe, Stücke öfter zu spielen, was auch wieder Probleme brachte. Es mußten Ordner und Karteien angelegt werden, und allmählich begann sich ein Betrieb zu etablieren.

Die dritte Phase bestand darin, den Horizont auszuweiten, um zu sehen, in welchem Umfeld Theater überhaupt machbar und möglich

91 Das ›Theater zwischen Tür und Angel‹ in einer Straßentheaterszene

war und was es mit dem Phänomen Freies Theater allgemein auf sich hat. Nach dem Tun und dem Organisieren fragten wir uns, was machen wir eigentlich. Das war so eine Reflexionsphase, die sich da anschloß.

Was geschah inhaltlich?
Inhaltlich gab es anfangs eine hemmungslose Subjektivität. Wir versuchten erst einmal das zu zeigen, was uns Spaß machte, und hatten auch einige allgemeine Themen im Blick, wie Umweltschutz, Atomkraft oder allgemeine Repressionen. Es war in erster Linie eine Frage der Selbstentdeckung, begleitet von starken Gefühlen einer Aufbruchstimmung, einfach Sachen machen zu können, die einem niemand erlaubt hat, für die wir nicht qualifiziert waren und die wir selbst autonom bestimmt haben. Weil wir Anfänger waren, hatten wir genügend Mut und ›Power‹, und niemand hinderte uns. Erst nach und nach kamen inhaltliche Schwierigkeiten auf. Was wir bisher machten, reichte uns formal nicht. Wir wollten mehr gestal-

ten, wollten unsere Geschichten überprüfen. Es tauchte die Frage auf, ob es reicht, als bunter Clown oder als Pantomime irgendwo herumzuspringen, ob es reicht, um Realität auszudrücken und sich den Anforderungen der Realität insgesamt zu stellen. Wir begannen, über den Zeitgeist nachzudenken und arbeiteten die Mythen der Neuzeit auf. Die Mythen sowie die Mystifikation der Großstadt und die Mythen des Bewußtseins standen im Mittelpunkt unserer Überlegungen.

Wie sieht Eure Arbeit heute aus?
Unsere heutige Arbeit verteilt sich auf verschiedene Felder. Es gibt den Bereich der Vorstellungen und Produktionen. Wir produzieren Stücke für Kinder, für die Straße und für die Bühne. Dann machen wir Workshops. Außerdem reflektieren wir über unsere Arbeit in Publikationen und Diskussionen und setzen uns allgemein mit der Erscheinung Freies Theater auseinander.

Wo tretet Ihr auf?
Wir treten praktisch überall auf. Die Auftrittsorte sind überall, weil wir Freies Theater auch definieren als frei von Orten. Es gibt keine festen Orte, die reserviert sind für Freies Theater. Unser Theater kann prinzipiell überall stattfinden, ob es ein Hinterhof ist, die Spielwiese, die Straße, eine Einkaufszone, ein Foyer oder ein Kommunikationszentrum. Wir spielen praktisch überall, und das machen wir auch ganz bewußt, weil wir das Theater von bestimmten pseudo-religiösen Orten befreien wollen.

Gibt es so etwas wie eine Ästhetik des Freien Theaters?
Die gibt es sicherlich, sie ist nur noch nicht fertig, und sie hat Schwierigkeiten, sich positiv zu formulieren. Im allgemeinen wird sie immer noch sehr negativ formuliert, nämlich durch die Abgrenzung zum Staatstheater, durch eine Ablehnung herkömmlicher oder traditioneller Kunst und Kultur. Wenn man von der Ästhetik als der Nachfrage nach dem Schönen, dem Harmonischen und Ganzen ausgeht, dann muß man sagen, das hat das Freie Theater hinter sich gelassen. Es sind nicht die ästhetischen Probleme, die das Freie Theater hat. Probleme, die sich dem Freien Theater stellen, sind

eher: zerbrochene Welt, zerstückelte Welt, eine zerstückelte Zeit und ein zersplittertes Bewußtsein; auch Schmutz, Gewalt, Langeweile, Plastik, zerstörte zwischenmenschliche Beziehungen und der Verzicht auf einen einheitlichen Sinnhorizont. Probleme, die sich ästhetisch auch in der Vielzahl der Mittel und in der Suche nach immer neuen Ausdrucksformen, die noch nicht belastet und verbraucht sind, ausdrücken.

Ihr betreibt jetzt auch eine Theaterfeuerwehr, was ist darunter zu verstehen?
Das ist ein Spielmobil, eine umgerüstete 18 Jahre alte Feuerwehr. Es hat zugleich aber auch einen Hintersinn, daß wir das Spielmobil benutzen. Wir benutzen es nämlich, um in Hamburg diejenigen Stadtteile aufzusuchen, die – wie man so sagt – ›kulturell unterbelichtet‹ sind. Es ist eine Art ›Kulturimport‹, wir gehen als Animateure in verschiedene Gebiete dieser Stadtteile.

Wie sieht das aus?
Wir knüpfen Beziehungen zu verschiedenen Initiativen, zum Beispiel zu Stadtteilgruppen, Jugendzentren, Jugendheimen, und fahren in einem bestimmten Zeitraum regelmäßig mehrmals in der Woche dorthin, um an der Arbeit dieser Initiativen teilzunehmen. Wir geben dort Vorstellungen, versuchen aber auch im Sinne eines dezentralisierten Kulturbegriffs mit den Leuten in Kontakt zu kommen, wollen erfahren, was sie mit dem Begriff Theater identifizieren, wobei wir dann zur Kenntnis nehmen müssen, daß unter dem Deckmantel Theater sehr viele soziale Probleme zutage treten. Es fängt mit dem Theater an und hört denn letztendlich mit Diskussionen über die Gesellschaft auf. Wir kommen, um Theater zu machen und fahren mit vielen Problemen im Kopf wieder nach Hause. Als Theaterleute müssen wir besonders bei den Kindern einen großen Mangel auffangen: an Auseinandersetzungen, an Berührungen, an Kontakten, an Anwesenheit. Häufig kommen wir uns als Sozialarbeiter vor, haben das Gefühl, daß wir deren Arbeit und die der Eltern und Lehrer mit wahrnehmen müssen. Das sind alles Dinge, die unseren Kulturbegriff sehr stark verändert und ausgeweitet haben. Besonders die Arbeit mit der Theaterfeuerwehr

in den Stadtteilen hat uns gezeigt, daß mit einem Kulturbegriff, der sich nur um Kunst dreht, absolut nichts zu machen ist. Ein Kulturbegriff, der heutzutage noch der Realität entsprechen will, der muß soziale Gegebenheiten, soziale Realität sehr stark mit einbeziehen. Das gilt natürlich auch für das Theater. Es ist da teilweise wichtiger, statt Rollen zu spielen und Geschichten zu erzählen, mit Fußball oder einem Boxkampf zu beginnen, erst einmal einen ganz allgemeinen Kontakt herzustellen. Die Jugendlichen wollen anfangs sehen, wer wir sind, was wir eigentlich wollen und vor allem, ob wir nur uns und unseren schicken Kulturbegriff oder wirklich sie meinen.

Wer bezahlt die Theaterfeuerwehr?
Die Kulturbehörde der Stadt Hamburg. Sie hat ein Referat für Stadtteilkultur, das eine sehr engagierte Arbeit leistet.

Der ›Theaterhof Priessenthal‹

Eine bislang einzigartige Erscheinung in der Theaterszene der Bundesrepublik Deutschland stellt der ›Theaterhof Priessenthal‹ dar. 16 Erwachsene sowie sechs Kinder und ihre Lehrerin bereisen mit Lastwagen, Omnibussen, Wohnwagengespannen und einem großen Viermastzelt das Land und machen ein Theater, das den Leuten direkt vor die Haustür kommt.

Der ›Theaterhof‹ ist ein Volkstheater im besten Sinne, will und kann aber keine romantische Wiederauflage alter umherziehender Theater sein, wenngleich er wohl eine Wiedererstehung des alten Genres ist, allerdings in einer Weise, die sich vollkommen im Kontext mit unserer Zeit befindet.

92 Als sei der Zirkus in die Stadt gekommen: Die ›Wagenburg‹ des ›Theaterhofs Priessenthal‹

93 Beruf und Privatleben sind für die Theaterleute während der Tourneen miteinander verbunden

Die Entstehungsgeschichte des Theaterhofes beginnt mit dem Kauf eines Bauernhofes in Bayern durch den Schauspieler Martin Lüttge. Er verfolgte die Idee eines Zelttheaters und sah in einem Hof das Zentrum für ein solches Unternehmen. Nach einigem Suchen fand er den Einödhof ›Priessenthal‹, der alle notwendigen Gegebenheiten aufwies, einen Heuboden als Probebühne, eine Wiese zum Zeltaufbau und genügend Räume, die sich zum Ausbau von Wohn- und Arbeitsräumen eigneten.

Mit zwei weiteren Schauspielern realisierte Lüttge eine Inszenierung als Zwei-Personen-Stück über Südafrika. Man ging mit dieser Produktion auf Tournee. Ein von dem Stück und der Zelttheateridee begeisterter Fuhrunternehmer schenkte der Truppe einen Lkw und übernahm auch für ein Jahr alle Steuer- und Versicherungslasten.

In einem Gespräch zwischen Martin Lüttge und Thomas Gostischa, der zu jener Zeit gerade ein Kindertheater betrieb (siehe S. 186), stellte sich quasi durch Zufall heraus, daß beide etwas aus dem Themenfeld der Nibelungensage inszenieren wollten. So ging Thomas Gostischa nach einiger Zeit ebenfalls zum ›Theaterhof‹. Bald fanden noch weitere Leute zu der Gruppe, so auch Monika Kroymann und Ulrike Schlue. Ulrike Schlue war vorher bei verschiedenen Freien Theatern beschäftigt, und Monika Kroymann hatte eine Reihe deutscher Stadt- und Staatstheater von innen erlebt. Zwei Leute der ersten Produktion verließen den ›Theaterhof‹, neue Akteure wurden gefunden. Das Amsterdamer ›Werktheater‹ stellte ein Zelt zur Verfügung, für das man nach langer Mühe eine einjährige TÜV-Abnahme erhielt. Durch Arbeitsbeschaffungsmaßnahmen des Arbeitsamtes bekam der ›Theaterhof‹ für einen Teil der Schauspieler monatliche Zuwendungen. Dadurch konnte eine neue Produktion, das Stück *Wir Nibelungen,* in Angriff genommen werden. Es mußten allerdings weitere Wohnwagen, Scheinwerfer, Requisiten, Kostüme, Sitzbänke und eine Bühne beschafft und hergerichtet werden. Neben den Schauspielern gehörten nun auch Techniker zur Truppe, die für die Wartung der Fahrzeuge und für Zelt, Beleuchtung usw. verantwortlich waren. So umfaßte die Gruppe schließlich zwölf Erwachsene und drei Kinder.

In *Wir Nibelungen* zeigte man mit dem Gerüst des klassischen Nibelungen-Stoffes viele Stationen, die das Deutschland unserer

94 Der Toilettenwagen des ›Theaterhofs‹ steht verloren vor einem Hochhaus – Symbole zweier Welten

Tage aufzuweisen hat. Schon während der ersten Tournee mit dem neuen Stück gab es einen häufigen Wechsel der Mitglieder. Denn der Wohnraum war äußerst eng, vier Personen mußten sich jeweils einen Wohnwagen teilen. Als man feststellte, daß der ›Theaterhof‹ beim Publikum ankam, wurde der Fuhrpark um einen Lastwagen und mehrere Wohnwagen erweitert. Da die Kinder fest mitreisen sollten, engagierte man eine Lehrerin, die seitdem mitfährt.

Der ›Theaterhof‹ gastiert in vielen kleinen und großen Städten, zuweilen an der Peripherie neben hohen Wohnsilos, zuweilen mitten im Zentrum der Stadt. Menschen kommen auf den Platz, beobachten den Aufbau, fangen Gespräche an und wundern sich, daß Schauspieler so handfest anpacken können. Für die Theaterleute bedeutet diese Nähe zum Publikum ein völlig neues Gefühl.

An dem Aufbau und der Herrichtung des Zeltes sind alle Mitglieder, egal ob Schauspieler oder Techniker, gleichermaßen beteiligt. Es ist eine harte Knochenarbeit, das riesige Zelt ein- und auszupakken, die vielen Pflöcke einzuschlagen, die Masten einzugraben und das Gestühl und die Bühne aufzustellen. Was bewegte diese Menschen, die zum Teil als Schauspielprofis gut verdienten, dazu, ihre bisherige Existenz gegen ein Leben voller Unbequemlichkeiten und mit mangelhafter sozialer Absicherung einzutauschen?

Antworten auf diese Fragen fallen verschieden aus, ähneln sich jedoch in ihrem Grundtenor. Monika Kroymann erlebte z. B. bei ihrer früheren Arbeit an deutschen Bühnen Menschen, die manchmal mit einer erstaunlichen Ignoranz gegenüber Mitspielern und Umfeld nur an ihrer Karriere bastelten. Da gab es Schauspieler, die nie das ganze Stück gesehen hatten, an dem sie mitwirkten. Sie spielten ihren Part und verschwanden wieder in der Garderobe. Dazu kamen die ständigen Auseinandersetzungen zwischen dem Intendanten, den Dramaturgen, Regisseuren, Bühnenmeistern und Schauspielern. Diese häufigen Querelen verhinderten allzu oft eine halbwegs freie und kreative Atmosphäre. Zwar gab es phantastische Leute, die sehr gute Einzelleistungen brachten, für Monika Kroymann hatte dies jedoch kein so hohes Gewicht, da ihr eine intensive gemeinsame Arbeit sehr viel mehr bedeutet. Das besagt natürlich nicht, daß man nicht gut sein will, doch ist für sie das ›Wie‹ der Zusammenarbeit von ebenso zentraler Bedeutung wie der Inhalt des

Stücks. Wenn die Stücke des ›Theaterhofs‹ manchmal keine ganz kompakte dramaturgische Dichte besitzen, so liegt dies nach ihrer Meinung an den Freiräumen, die man sich zugunsten lebendiger Arbeitsprozesse ganz bewußt erhalten möchte.

Auch Jan Geert Buss erläutert eine Reihe von Motivationen, die ihn zum Verlassen des etablierten Theaters veranlaßt haben. In über zwanzig Jahren Schauspielarbeit lernte er viele deutsche Theater kennen, bis er an einen Punkt angelangte, an dem er die Auseinandersetzungen zwischen den Intendanten, Regisseuren und Dramaturgen einfach nicht mehr mitmachen wollte. Buss glaubt, daß das Wesentliche beim Theater, wie bei jeder anderen Arbeit auch, das Begreifen, das wirkliche Begreifen dessen ist, was im eigentlichen vor sich geht. Im Zusammenleben und Zusammenarbeiten nach dem Vorbild des ›Theaterhofs‹ sieht er wie Monika Kroymann eine bessere Basis als beim herkömmlichen Theater, um sich als Mensch zu begreifen und zu verwirklichen.

Andere Schauspieler des ›Theaterhofs‹ beklagen besonders die hierarchische Struktur der etablierten Theater, die einem künstlerisch produktiven Prozeß keinen Raum mehr läßt. Eigeninitiative und selbstschöpferisches Tun sind nach ihrer Meinung beim institutionalisierten Theater kaum möglich, zumal die ganze Schar von Schauspielern sich mühen muß, die Idee *eines* Regisseurs umzusetzen.

Demgegenüber versucht man beim ›Theaterhof‹ Vorstellungen zu verwirklichen, die von allen Schauspielern konzipiert und mitgetragen werden. Natürlich wirft solch gleichberechtigte Zusammenarbeit vieler Personen eine Menge Probleme auf. Aber man kommt sich durch gemeinsame Diskussionen näher. Findet sich kein gemeinsamer Nenner, so wird immer wieder über das anstehende Problem gesprochen, bis man zu einer Einigung gelangt ist. Mehrheitsentscheidungen werden in der Regel nicht getroffen. Jan Geert Buss hat zu der Frage, wie er als Schauspieler mit über zwanzigjähriger Berufserfahrung gleichberechtigt mit sogenannten ›Laien‹ zusammenarbeiten kann, einige Antworten. Er glaubt nicht an den Guru und das Genie. Wohl aber lassen sich in jedem Menschen, ob man ihn mag oder nicht, große Fähigkeiten und Kräfte entdecken, und in ihnen spiegelt sich jener göttliche Funken wider, der allen

Menschen innewohnt. Eine Gesellschaft, die immer auf der Suche nach den großen Glanzlichtern ist, produziert ständig neue Vaterfiguren. Sie begibt sich dadurch in Bevormundung und kann selbst nicht frei werden. Um dies zu verhindern, muß der Mensch aus seiner eigenen tiefen Kreativität schürfen, was den sogenannten ›Laien‹ durch eine bestimmte Art der Naivität unter Umständen besser als den ›Profis‹ gelingen kann. Buss sieht in diesem Zusammenhang die Schauspielschulen als »großen Humbug« an, da sie die Leute nur »stutzen und verbiegen«. Schließlich reduziert er die Begriffe »Laientum« und »Profitum« auf eine kurze Formel: »Ein Laie spielt eine kleine Rolle, an einigen Stellen gibt es Lacherfolge. Das nächste Mal lacht das Publikum nicht. Der Spieler versucht herauszufinden, woran es liegt und wird professionell.«

In den Inszenierungen des ›Theaterhofs‹ vermag sich jeder einzelne Schauspieler wiederzufinden. Schon beim Schreiben der Stücke werden die Handlungen unmittelbar an die einzelnen Rollen gebunden. Jeder Schauspieler arbeitet besonders an der Ausgestaltung seiner Rolle, d. h., er trägt Erlebtes, Erdachtes und Erahntes in seine Rolle hinein, was dann jemand anders aufnimmt und weiterentwickelt. Da jeder Schauspieler für sich eine umfassende Recherche betreibt, kommt es so zu einer allmählichen Verdichtung der Rollen, die, wie Jan Geert Buss erklärt, so etwas wie ein Eigenleben entwickeln und unter Umständen ganz zwangsläufig nach Erweiterung und Veränderung verlangen.

Wie sich die einzelnen Schauspieler in ihren Rollen wiederfinden, so ist auch der Geist der ganzen Gruppe in den Stücken wiederzuentdecken. Bei den letzten Produktionen des ›Theaterhofs‹ dienten alte Vorlagen als Gerüst, so bei *Wir Nibelungen* , bei *Johanna oder Das Feuer auf den Gipfeln des Eisberges* und im *Frauenschuh.* Alle Stücke sind in einer Weise aktualisiert, daß historische Situationen und Gegenwartsbezüge ineinandergreifen und einen auf die Zeit ausgerichteten relativierenden Raum schaffen, in dem die geschichtliche Atmosphäre gleichermaßen wie die Gegenwart spürbar wird. Jeder Schauspieler spielt mehrere Rollen in einem Stück, verkörpert Charaktere und Verhaltensweisen, die sich manchmal konträr gegenüberstehen. Dadurch wird die Illusion eines durchgängigen Bühnengeschehens verfremdet, und es kommt nicht zur simplen

95 Der ›Theaterhof‹ in dem Stück ›Johanna oder das Feuer auf den Gipfeln des Eisberges‹: Parallelszene auf einer Nebenbühne

Identifikation mit einem Schauspieler und seiner Rolle. Vielmehr werden durch den häufigen Wechsel der Rollen immer wieder Kontrastpunkte gesetzt, die, wie beim epischen Theater, den Zuschauer immer neu zur persönlichen Stellungsnahme auffordern.

In *Johanna* findet sich nicht nur in komödiantischer Form vorgetragene Kritik an den intriganten Drahtziehern staatlicher Macht, sondern es wird auch faßbar, woran die Theaterhofleute glauben und wo sie mögliche Wege zur Verständigung zwischen den Menschen sehen. Dabei zieht sich der Wunsch nach Zusammenarbeit mit allen Menschen, seien sie auch noch so verschieden, wie ein roter Faden durch das Spiel.

Eine andere Frage, die das Stück stellt, lautet etwa: Ist der Staat, diese Schachtel der Völker, deren Vertreter sich immer wieder durch die Macht korrumpieren lassen, der Völker letzte Weisheit? Ein Professor in einem Pappkarton proklamiert: »Es ist der Gang Gottes durch die Welt, daß der Staat ist« (Leopold Ranke). Und die Antwort des Theaterhofs heißt: »Es wird auch der Gang Gottes durch die Welt sein, daß der Staat nicht mehr ist.«

Die Handelnden, die mit Johanna unter anderem gegen unliebsame Besatzer kämpfen, wenden sich jeweils dort gegen die Machtzentren des Staates, wo deren Bewahrer mit Intrigen, List und Verleumdung das Volk hinter sich zu bringen versuchen, um dann letztendlich aus eigennützigen Interessen an Macht und Besitz dieses zu hintergehen und zu verschaukeln. Anführer wie Johanna, die allzu bohrende Fragen stellen und ein emanzipatorisches Handeln beginnen, werden an den Pranger gestellt und durch eine inquisitorische Gerichtsbarkeit gezwungen, ihren Widerstand aufzugeben, wobei die Wahrer von Ruhe und Ordnung sich in ihrer ganzen demaskierten Häme und Brutalität zeigen.

Bei den Dialogen des Inquisitionsprozesses mischen sich Passagen aus historischen Vorlagen mit Formulierungen von heutigen Gerichtsverfahren. Der Faktor Zeit beginnt sich zu relativieren; im Guten wie im Bösen reichen sich die Jahrhunderte die Hände, und das ›Volkstheater‹ kann hier beweisen, daß es ein solches ist: ein Podium, auf dem Politik und Handeln der wenigen Mächtigen auf das Maß und die Belange eines ganzen Volkes zurückgeführt und beurteilt werden.

Das Zelttheater umfaßt eine Haupt- und eine Nebenbühne, deren zeitweilige simultane Bespielung sowohl Absurdität und Groteske, wie auch Verzahnung und Entsprechung in der Parallelität von Ereignissen sichtbar macht.

Gespräch mit Ulrike Schlue vom ›Theaterhof Priessenthal‹

Wie viele Leute sind beim ›Theaterhof‹
Fest sind jetzt 16 Erwachsene und sechs Kinder dabei. Manchmal fahren noch ein paar Leute mehr mit.

Wie erarbeitet Ihr die Stücke?
Es muß eine Grundidee da sein, die bei allen zündet.

Wer liefert die Grundidee?
Das ist verschieden. Der Vorschlag für das letzte Stück, der *Frauenschuh,* kam von Monika Kroymann. Davor kam er von Martin Lüttge. Es müssen sich nur alle dafür begeistern. Dann wird Material gesammelt, wird gelesen, wird improvisiert, werden Rollen ausgedacht. Es entstehen die ersten Schriftfassungen. Jeder trägt etwas dazu bei.

Wie lange arbeitet ihr an einem Stück?
So etwa vier bis sechs Monate.

Ein Teil der Schauspieler kommt aus dem etablierten Schauspielbereich und ein Teil von den Freien Theatern. Wie fanden diese verschiedenen Leute zusammen?
Bei uns waren im ersten Jahr Schauspielerübungen aus der Strassberg-Schule ein starkes Bindeglied. Wir besaßen zwei Schauspieler, die dort gelernt haben. Diese zwei haben uns sehr geholfen. Das Training war für die Theaterschauspieler und die aus den Freien Gruppen neu. Wir versuchen, uns nicht gegenseitig zu behindern, sondern ein fruchtbares Miteinander zu realisieren. Die Leute aus den Freien Gruppen haben andere Erfahrungen als die aus den

etablierten Theatern; das kann sich sehr gut ergänzen. Ich habe zum Beispiel der ›Roten Grütze‹ viel zu verdanken, was das direkte Spiel auf das Publikum und die Nähe zum Publikum betrifft. Diesen Bereich, der auch hier wichtig ist, habe ich miterprobt und miterarbeitet. Für die Profis waren andere Techniken wichtig, die sie an uns weitergaben. Da haben wir auch viel gelernt. Dazu kommt noch, daß die Leute aus den Freien Gruppen mehr organisatorische Erfahrungen hatten als die aus dem Theater, die dort alle Dinge abgenommen bekommen.

Wie ist Deine Erfahrung im Hinblick auf die Tatsache, 24 Stunden pro Tag mit dem Beruf konfrontiert zu sein?
Es ist gut. Natürlich geht einem manchmal etwas ab, man möchte vielleicht verreisen, aber auf der anderen Seite bietet es soviel Möglichkeiten hier, zum Beispiel Leute kennenzulernen und neue Städte zu sehen und das im Rahmen des Berufs, das finde ich toll. Dafür geben andere Leute viel Geld im Urlaub aus.

Im Winter seid Ihr auf dem Hof in Bayern. Welche Rolle spielt der Hof für Euch?
Das ist unterschiedlich. Da wird jeder eine andere Antwort geben. Ich liebe den Hof und auch die Umgebung, für mich ist das schon ein Stück Heimat. Für andere ist er mehr eine Notwendigkeit, und für wieder andere ist er das ungeliebte Winterquartier. Wir machen jetzt vom Oktober bis zum Januar eine längere Pause voneinander, da macht jeder, was er möchte. Im Januar beginnen wir dann eine neue Inszenierung.

Im Zusammenhang mit dem ›Theaterhof Priessenthal‹ fällt häufiger der Begriff Volkstheater. Seht Ihr Euch als ein solches?
Volkstheater ist für mich nicht eine platte Geschichte. Es sagt für mich nicht nur, für wen ich spielen will, sondern ist auch eine formale Angelegenheit. Volkstheater geht über Lachen, über Betroffenheit, über das Hin und Her von Lachen und Nachdenken, über Staunen, über Verstehen und Nichtverstehen, über Einverstanden-sein und Nicht-einverstanden-sein und immer wieder Überraschungen und natürlich die Freude am Komödiantentum. Es soll

einer breiteren Schicht als nur der typischen Theatergängerschicht zugänglich sein. Die Menschen sollen auf einem nichtintellektuellen Weg erreicht werden, d. h. aber nicht auf dümmliche und plumpe Weise. Natürlich ist auch der Kopf beteiligt, aber sehr stark eben auch das Zwerchfell und insofern auch der ganze Mensch. Das alles soll passieren, ohne sich anzubiedern. Das ist ganz wichtig. Ich würde es auch eher politisches Volkstheater nennen. Bislang habe ich noch keinen besseren Ausdruck dafür gefunden. Man denkt ja sonst immer gleich an das ›Ohnsorg-Theater‹ oder an ›Willy Millowitsch‹, die auch gute Komödianten sind, aber ich denke, daß man in der Sparte Volkstheater weitergehen kann, daß man sich nicht aus dem heraushalten darf, was uns umgibt; ich meine was uns politisch umgibt, was uns historisch umgibt usw. Da finde ich es einfach lohnend, mit den Mitteln des Volkstheaters weiterzugehen. Dario Fo hat das einmal wunderbar herausgearbeitet. Er hat phantastische Aufsätze geschrieben über die Herkunft von Liedern und Figuren, wobei er diese und die ganze Commedia dell'arte auf einen sozialen Ursprung zurückführte. Doch zurück zum ›Theaterhof‹. Was bei uns gut zusammenkommt, ist eine bestimmte Basis von Professionalität, aber ebenso, daß alle, die hier mitmachen, auch ihre politische Geschichte haben, sich nie politisch neutral verhielten, sich immer auseinandersetzten. Ob sie in irgendwelchen Gruppen waren oder nicht, sie haben sich nie herausgehalten, auch vorher als einzelne nicht. Das kommt hier zusammen und natürlich auch die Freiheit durch unsere Arbeitsverfahren, über Improvisationen, über Nicht-Regietheater schauspielerisch alles entfalten zu können, was da ist. Doch ich meine, wir sind erst am Anfang eines Weges.

Wie ist die Bezahlung für die einzelnen Mitglieder?
Jeder bekommt ein Taschengeld.

Habt Ihr auch jetzt noch einen häufigeren Wechsel der Mitglieder?
Im schauspielerischen Bereich ist es jetzt seit über zwei Jahren konstant geblieben, bei der Technik gab es einige Wechsel. Außerdem ist eine neue Lehrerin gekommen. Ich finde es auch ganz schön, für eine längere Zeit zusammen zu sein.

Freies Theater, aus der Sicht eines Akteurs

von Michael Batz

Freiheit
ist kein deutsches Thema, weder im Leben des einzelnen noch im Leben der Gesellschaft. Die alte mythische Lüge, daß das Glück nur im eigenen Dorf zu haben ist, erscheint hierzulande in Amtsdeutsch: als angstmachende Frage nach Berechtigung, Sicherheit und Versorgung. Allen Ideen jenseits bürgerlicher Lebensanstrengung klingt, so sehr sie auch faszinieren mögen, die Warnung vor sicherem Schrecken nach. Ausgenommen sind lediglich die offiziellen Paradiesvögel mit der festumrissenen Aufgabe, das anerkannte Gegenteil dessen zu sein, was alle sind – schrankenlos, reich, frivol.

Das Mißtrauen gegenüber Grenzgängern, auch in der Kunst, ist bekannt. Es sei eingeräumt, daß die nicht ausbleiben, die üble Konterbande schmuggeln oder mit schlichtem Schwachsinn dealen. Jeder aber, der sich auf eine Reise einläßt, ist überrascht darüber, wie nah die Grenzen sind und das Aus-Land. Daß zuviel Grenzverkehr linientreue Identität auflöst, ist allen Sicherheitsinstanzen dieser Welt bekannt. Ihre stets gleichbleibende Furcht sollte eine zusätzliche Hilfe sein, sich über Kunstarbeit, die frei sein will, zu orientieren. Davon abgesehen gibt es viele Gründe zum Reisen: Neugier, Unruhe, Enttäuschungen, Illusionen. Aber auch darüber wissen die Märchen zu berichten, daß der dunkle Wald in Wahrheit nur ein Gespenst der Eltern ist.

Die etablierte Kultur – eben kein ordinärer bürgerlicher Markt – hat sich immer viel Mühe gegeben, wie eine Bananenrepublik zu erscheinen. Ihre Domizile sind klassizistische oder modernistische Prunkbauten, ihre Repräsentanten hochverdiente Patriarchen, ihr standesbewußtes Publikum ist feudalistischen Ritualen nicht abgeneigt und ihre Reproduktion von exotischer Unbekümmertheit. Die Anteile sind kontrolliert, die Reviere mit Protektionen geschützt, die Produkte festgelegt und der Absatz gesichert. Zentralismus und die Vorliebe, im Allgemeinen zu bleiben, sind einfach zu vornehm für alle Sorten realer Konflikte, für rasche Reaktionen, Inoffizielles.

Herrschaft
Diese und andere Herrschaft, das ist eins der Grundthemen, sei es im Anschluß an eine politische Bewegung oder in Betrachtung der eigenen Position, der eigenen Gegenstände. Die Identifikation mit dem Außen (Außenseiter, Dritte Welt, Utopien, Wahnsinn) bezeichnet trotz verbliebener Restprivilegien seiner Akteure den nicht fixierbaren Ort dieses Theaters. Und das Innen ist genau ›unsere‹ hochindustrielle Zivilisation mit ihren lebensvernichtenden Megamaschinen und -systemen, die drauf und dran ist, auch die letzten Türen noch zu verrammeln, um alles zu verheizen.

Das Freie Theater hat keinen Frieden mit dem Staat; auch nicht mit der Kultur, der Ökonomie und schon gar nicht mit der Pädagogik. Wenn erst Ausbildung sein muß, die zu elementaren Lebensäußerungen berechtigt, dann kleidet sich die Entmündigung in die Geste des Beschenkens bzw. Qualifizierens. Dieses Theater aber steht allen offen, es braucht nicht zurückgeholt zu werden, weil es nie abgegeben wurde. Es spricht nicht stellvertretend und repräsentiert nicht, die Betroffenen alphabetisieren sich selbst: ihre Körper, Gefühle, Gedanken, Beziehungen. Dem Zirkel von Kontrolle, Knappheit und Krisen steht es fremd gegenüber und ebenso den ach so verständnisvollen und vitalen Animateuren; die Wertschöpfung beruht auf der Fülle, nicht der Knappheit. Sicher ist in der geteilten und beherrschten Welt, deren Horizonte langsam unsichtbar werden, die Kultur Sache von Spezialisten und damit ein Spielzeug für wenige. Doch warum dieselben Spiele spielen? Warum nicht andere Figuren finden und andere Geschichten erzählen?

Recherche
Damit beginnt die Suche. Ohne Laboratorien, Workshops, Diskussion in kleinen Zirkeln, Experimente und Exerzitien aller Art ist Freies Theater nicht denkbar. Da sind die neugestellten Fragen nach den Grundlagen: warum spielen, warum Theater, wer spielt, was wird hier gespielt? Da ist die Neugier, der Impuls des ›Wieso eigentlich nicht?‹ Außer vielleicht der Zukunft ist nichts mehr gemeinsam, also genügt es nicht, auf die Tradition zu lauschen und ein Feuilleton atemloser, knochenharter Werte zu basteln.

Ob sich die Nachforschung im einzelnen eher archäologisch auf die eigenen Wurzeln bezogen gebärdet oder dem Science-fiction (neue Wahrnehmungen) zuwendet; ob sie sich nun primär den Körper, den Gesellschaftskörper oder das Bewußtsein zum Gegenstand wählt – das bezeichnet nur ihre Vielfalt. Ihre fröhliche, aber auch mißtrauische Übereinkunft dagegen könnte lauten: nichts gilt, bevor es nicht ausprobiert ist. Alles ist gemacht – warum nicht anders machen? Dazu gehört selbstverständlich das Recht auf die eigenen Fehler.

Live

Was eigentlich ein Synonym für Erfahrung, Alltag und Geschichte ist. Oder für Identität, Zeitgenossenschaft. Moreno, der Theoretiker des Psychodramas, sah im gegenwärtigen Augenblick ein Surplus, eine überhöhte Wirklichkeit. Es mag genügen, darin die einzige Realität anzunehmen, die überhaupt zu haben ist. Nicht nur aus politischen Gründen neigt Freies Theater zu direkter Aktion und Unmittelbarkeit. Es ist, hoffentlich klingt es nicht zu theaterhaft, ein Wunsch nach Leben inmitten hochbezahlter Mortifikationen.

Tatsächlich hat ja der Augenblick einige Freunde: den Zu-Fall und, als Methode, die Improvisation. Belebung bloßer Literatur, Herstellung von Fertigprodukten, konsumgerechte Vergnügung erfreuen sich keiner besonderen Beliebtheit. Oft ist zu Beginn einer Aktion oder einer Vorstellung nicht klar, was passieren wird. Vieles entsteht erst im Verlauf, der geplant, aber nicht fixiert ist, und die schönsten Momente sind eigentlich die, die sich keiner hätte ausdenken können. Die Berechenbarkeit sabotiert sich selbst, die Akteure spekulieren auf ungeahnte, plötzliche Geschenke. Sie bejahen diese bestimmte Weise, gemacht zu werden, also zu spielen.

Niemand wird leugnen, daß der Augenblick ein Blankoscheck ist, auf pures Gold genausogut wie auf rostiges Blech. Aber eben auch auf pures Gold, an dem selbst die fleißigsten Alchemisten gescheitert sind. Daher sind etwa die Berufsschauspieler der Commedia dell' arte für das Freie Theater wieder interessante Kollegen geworden. Nicht allein ihr Mittelweg zwischen Routine und Originalität, ihre Methodik und ihr körperbetontes Spiel, auch ihr Spielort, die

Straße, verbindet sie mit uns heutigen, mit denen sie wohl kaum gerechnet haben.

Themen

Es ist nicht mehr das Große, Hohe, Brillante oder Tiefsinnige, dem das Theater als Ausdrucksform vorbehalten ist. Jeder bedient sich seines Theaters, wie er mag und wozu er es braucht. Das Allgemeine ist heute eher gleichzusetzen mit dem Schlechten: wen macht es noch sentimental, sich am Sonnenuntergang einer gebildeten Unschuld zu ergötzen? Wer hat noch Spaß am unterdrückerischen Purismus, der ausschließlich didaktisch Wertvolles oder üblen Kommerz kennt, oder anderes Schwarzweiß? Die alte Aufklärung mit ihrem Pathos von Abbilden, Anprangern und Entlarven, wenngleich immer noch beliebt, mag ihren Zeigefinger wieder einstecken – alles ist offensichtlich, so unfaßbar offensichtlich. Die scheinbar Unaufgeklärten haben genug von Aufklärung, sie wissen längst Bescheid. Viel wichtiger ist die Frage, was getan werden kann. Ein Grundgefühl des Grotesken, Bizarren, Komischen, Aggressiven teilt sich mit als Antwort auf den realen täglichen Horror, die Arroganz der Macht, die Zerstörung der Natur. Und äußert sich in einer Art, die zwar noch Vermittlung, aber nicht mehr Geduld als Tugend anerkennt.

Dieser Weg über sich selbst entpuppt sich für viele als eine Rekonstruktion der Zivilisation. Um Mensch zu werden, haben die Menschen so nach und nach alles andere ausgegrenzt: Götter, Geister, Tiere, Liebe, Wahnsinn, Tod. Weit davon entfernt, neuen Lebenssinn zu stiften, kehren sie zurück als zutrauliche, aber unbeherrschbare Exoten, die noch einmal Gemeinschaft anbieten. Das Lachen, das die Schuldgefühle durchbricht und die Verstörtheit verneint, ist eins ihrer Angebote. Es sollte ernstgenommen werden. Denn was bringt es letztlich ein, als unberührter Tourist durch das Ghetto seiner Mitmenschen und das eigene zu gehen?

Figuren

Die Figuren des Freien Theaters sind mitten im Entwurf. Unentbehrlich bleiben nach wie vor die Schnittmuster der Clowns, Narren und Zirkusleute, all derer, die den Zusammenhang von Zerstörung und Weitermachen realisieren und sich tatsächlich aufs Spiel setzen. Vielleicht werden die modernen Spieler differenzierter, nicht so typisiert wie ihre Vorgänger. Abzuwarten bleibt auch, was die Beschäftigung mit industrieller Produktion, mit Massenware, Medien, Comics bringt bzw. nicht verhindern kann. Wenn sie alle Kunstfiguren sind, dann liegt es keineswegs bloß am schöpferischen Akt, sondern am synthetischen Leben. Freies Theater ist grundsätzlich nicht freier als seine Gesellschaft – kein Grund zur Exklusivität.

Das Leitbild ist möglicherweise nicht mehr das Individuum, die Persönlichkeit, eher wohl das Ensemble, die Gruppe – was nur dann mit Kollektivismus gleichzusetzen ist, wenn das Interesse am gemeinsamen Überleben und Glück gemeint ist. Auf alle Fälle lösen sich die Figuren nicht völlig von ihren Produzenten, das ist die Kondition des Freien Theaters. Figuren und Geschichten ziehen sich nicht zurück in einen literarischen oder medialen Raum, der sie konserviert und tradiert. Sie geschehen, sie passieren, sie ereignen sich, sie sind einmalig trotz vieler Wiederholungen. Oder sie sind überhaupt nicht.

Spielorte
sind da, wo sie die Normalität nicht erwartet. Die Grenzen von Kunst und Leben werden nicht aufgehoben, aber durch häufige Übertritte verwischt, Schilder zeigen plötzlich andere Entfernungen an. Es ist alles möglich: Straßen, Parks, Einkaufszonen, U-Bahnen, Schaufenster, Kneipen, Bahnhöfe. Wieder ist es die Bewegung nach draußen, zu den Leuten hin. Es gibt keinen Ort, der für Theater nicht geeignet wäre – außer den dafür bestimmten. Den Schauplätzen werden ihre Rechte zurückerstattet, mitsamt Gebäuden, Wetter, Passanten und Jahreszeit. Theater auf die Straße zu setzen, ist wenig; eine Straße ins Spiel zu bringen, ist viel. Und noch einmal: Theater Leuten vorzusetzen, ist wenig; Leute ins Spiel zu bringen, ist viel. Die Freien Truppen wollen und brauchen den unmittelbaren Kontakt, sei es als Energie, Gespräch oder Mitmachchance. Aktionismus? Nein. Es ist die Fortsetzung der Recherche, ohne den Umweg über Politologen, Soziologen oder Dramaturgen. Warum Bühnenbilder? Der Kapitalismus drückt sich selber am verblüffendsten aus. Warum Rollenspiele? Alle Rollen sind schon verteilt.

Repertoire

Es ist vielgestaltig. Zu nennen sind Aktionen, Zeichenhandlungen, Demonstrationen, Prozessionen mit oder ohne Stelzen, Spiele, Nummernprogramme, Kabarett, Szenen, Stücke, Unsichtbares Theater, Zirkus, Musiktheater. Oder an Fähigkeiten: Improvisieren, Jonglieren, Zaubern, Feuerspucken, Fechten, Akrobatik, Tanz, Gesang. Freie Truppen könnten ohne einen hohen Grad an Vielseitigkeit nicht überleben, jeder macht so ziemlich alles, nach Möglichkeit. Ansonsten wird alles genommen, was sich verwenden läßt, eben auch Klassiker, Muster des Fernsehens, der Zeitungen, des Konsums, oder Farcen, Schwänke, Puppen- und Maskenspiele. Zu anderen Bereichen sind die Grenzen offen, seien es nun Kinderspiele, das Psychodrama, die Show oder die Performance.

Organisation

Es kommt nur in Frage, was direkte Kommunikation, gleichberechtigte Arbeit und unmittelbare Produktion ermöglicht – eigentlich alles Fremdwörter heutzutage. Doch sie machen Hoffnung, diese Halbinseln der Selbstbestimmung, wenn sie nicht nur spontan sind, sondern zu ihrer eigenen Geschichte stehen und zu all ihren Risiken, die Papa Staat nicht abzunehmen hat. Dafür gibt's das Publikum, dafür gibt's die Öffentlichkeit. Den meisten ist es klar, daß besser als nach Kunst streben ist, sein Handwerk zu können, Qualitäten herzustellen, sonst droht das Abgleiten auf die Ebene des Status, der blanken Warenform, der selbstgefälligen Institutionen. Gerade dagegen sind sie ja aufgebrochen, diese komischen Reisenden mit ihren kleinen phantastischen Koffern, damit Freiheit endlich auch ein Thema in Deutschland wird.

Auftrittsorte und Ausbildungsmöglichkeiten

96 Der ›Earthcircus‹ (Schweden) auf dem Weg zur Arbeit

Spielorte des Freien Theaters

Besonders in der frühen Phase des Freien Theaters traten viele Gruppen auf Straßen und öffentlichen Plätzen auf, wodurch schließlich die Bezeichnung Straßentheater zum gängigen Begriff für dieses Medium wurde.

Natürlich wollte man in unmittelbarer Nähe des Publikums sein, doch war die Straßenarbeit auch eine Notwendigkeit, die aus dem Fehlen anderer Auftrittsmöglichkeiten resultierte. Wenn keine Räume vorhanden sind und auch keine Aussicht auf sie besteht, bietet sich nur das öffentliche Areal der Straße an.

Theaterspielen und Musizieren auf der Straße hat in Ländern wie Italien und Frankreich bereits eine lange Tradition. Die Akteure haben dabei kaum mit Widrigkeiten zu kämpfen, wie sie hier durch behördliche Einschränkungen und Auflagen zuhauf bestehen. Möchte dagegen hier jemand völlig legal, d.h. abgesegnet mit Stempeln und Siegeln, sein Spiel unters Volk bringen, dann kann oft schon die Bemühung um solche Papiere Stoff genug für ein längeres Stück bereitstellen.

In den sechziger Jahren waren es in der Bundesrepublik Deutschland überwiegend Gruppen aus studentischen Bereichen, die Straßentheater mit starker Akzentuierung auf politische Inhalte spielten. Diesen eher zweckgebundenen Polittheatern ging es nicht so sehr um die Weiterentwicklung theatraler Darstellungsformen, sondern in erster Linie um die Vermittlung einer politischen Botschaft. Stärker ausgeprägte theatrale Formen hätten rasch in Verruf geraten können, am bürgerlichen Geschmack orientierte Einschmeichelversuche zu sein. So beschränkte sich das Studententheater weitgehend darauf, am Straßenrand, im Uni-Bereich oder bei politischen Veranstaltungen aufzutreten.

In den beginnenden siebziger Jahren gab es dann Gruppen, die sich nicht mehr ausschließlich auf Zweckinhalte konzentrierten, sondern die sich in verstärktem Maße um das Alphabet des Theaterspiels selbst bemühten, indem sie Sprache, Mimik, Bewegung,

97 Der ›Earthcircus‹ zeigt seine Straßenclownerien

98 Szene auf dem Hamburger Alstervergnügen

Tanz, Raumbezüge, Kostüme, Masken erforschten und zueinander in vielfältige Beziehungen setzten. Dadurch weitete sich das Arsenal der Hilfsmittel so sehr aus, daß mit Scheinwerfern, Lautsprecheranlagen und vielfältigen Requisiten schließlich nicht mehr ohne weiteres auf der Straße gespielt werden konnte. Im wachsenden Maße waren die Gruppen daher auf feste Veranstaltungsräume angewiesen, und diese waren rar. Es gelang meistens nur den bekannteren Gruppen, entsprechende Verträge auszuhandeln. Viele Freie Theater führten aus diesem Grund Stücke für geschlossene Raumeinheiten sowie für die Straße in ihrem Repertoire, denn dem Straßentheater fühlte man sich weiterhin wegen seiner Spontaneität und seiner hautnahen Kontakte zum Publikum besonders verbunden.

Mit der allmählichen Professionalisierung der Freien Theaterszene erhielten auch einige der bekannteren Gruppen Gastspielverpflichtungen an Staatstheatern, was eine generelle Aufwertung des Freien Theaters mit sich brachte. Viele Theatergruppen mieteten sich Probenräume, wofür sich häufig ehemalige Fabrikanlagen anboten. In ihnen wurden die Stücke erarbeitet, die Kulissen und Requisiten gefertigt, und zum Teil lebten die Akteure auch dort. Manchmal wurden solche Industrieräume auch für Aufführungen vor Publikum benutzt, bis Behörden oder Vermieter an die Türe klopften, um wieder normale Zustände herzustellen. So hatte z. B. die ›Theatermanufaktur‹ über zehn Jahre eine alte Schokoladenfabrik in Berlin-Neukölln gemietet, in deren recht engen Räumen die Proben zu fast allen Stücken der etwa zwanzigköpfigen Gruppe abgehalten wurden (siehe auch S. 97).

Nach und nach entstanden Zentren für Freie Theaterarbeit, die den Gruppen bessere Auftritts- und Probemöglichkeiten verschafften. Man bot Workshops und Kurse an und errichtete Kommunikationsnetze für Akteure (z. B. ›fools-garden‹ und ›Dankerrt‹, Hamburg; ›Theater in der Garage‹, Erlangen). Überall wurden Theatercafés und Theaterkneipen eröffnet, und in vielen Kommunikationszentren fanden Freie Theatergruppen feste Spiel- und Probenplätze

99 Akrobatik auf einem Straßenfest

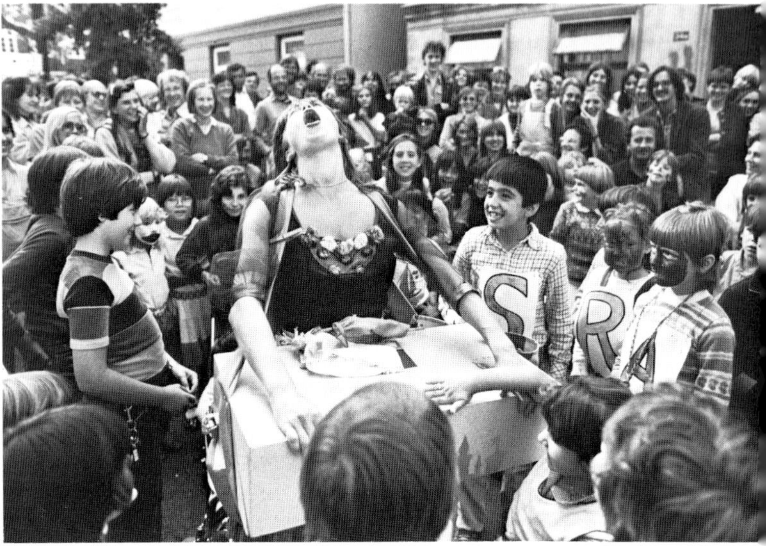

100 Das ›Bauchladentheater‹ der Judith Compes vom ›Theater Zeppelin‹

(z. B. ›Künstlerhaus Bethanien‹, ›Ufa-Fabrik‹, Berlin; ›Werkstatt 3‹, ›Honigfabrik‹, ›Fabrik‹, Hamburg). Einige Gruppen versuchten auch, den Auftrittsproblemen durch Eröffnung eines eigenen Theaters zu begegnen, wie z. B. das ›Theater in Kreuzberg‹ und die ›Freie Theateranstalt‹, Berlin sowie ›Monsun‹, Hamburg.

Große Bedeutung besaßen die Theaterfestivals für die Freien Gruppen (z. B. Freiburg, Erlangen, Marburg, München und Hamburg). Besonders das Münchener Theaterfestival von 1977 strahlte auf die Freie Theaterarbeit in der gesamten Bundesrepublik aus und gab Anstoß für zahlreiche neue Gruppengründungen.

Wurde bis dahin die Arena des großen Spiels weitgehend von ausländischen Gruppen gefüllt, so vermochten auch die deutschen Theatergruppen allmählich ihr Spektrum und ihre darstellerische Qualität zu steigern. Dieser Einstieg in neue Dimensionen des Theatermachens erbrachte nicht zuletzt auch mehr Professionalität.

1977 und 1978 stand das Hamburger Alstervergnügen, ein alljährlicher bunter Veranstaltungsrummel mit zahlreichen Würstchenbuden und Kulturangeboten von der Marschmusik bis zur experimentellen Performance, ganz im Zeichen des Freien Theaters. Viele internationale Gruppen kamen und entfachten mit ihrem Spiel auf den Hamburger Straßen, Plätzen, Anlegebrücken und Freilichtbühnen ein Theaterfieber, das sich noch einmal beim ›Theater der Nationen‹ 1979 um einiges steigern konnte. Viele Gründungen neuer Theatergruppen im Hamburger Raum waren die Folge dieser Veranstaltungen, und Theaterworkshops schossen mit diversen Kursangeboten wie Pilze aus dem Boden.

Viele Festivals gerieten in den folgenden Jahren allerdings immer mehr zu Vergnügungsschlachten. Veranstaltungen dieser Art schienen den Initiatoren schließlich aus den Händen zu gleiten. Bezuschusser der Öffentlichen Hand und andere Interessensträger mischten kräftig mit, und bei den inflationären Angeboten an Volksbelustigungen wurde nur allzugern Harmloses bevorzugt.

Das Münchener Festival hat nach vielen Querelen und dem Scheitern des 81er Festivals für das Jahr 1982 die Konsequenz gezogen, indem nur das gezeigt wurde, was bekannt und exquisit war. So wurde auf die bunte Spielstraße, auf der sich in den Jahren zuvor viele Gaukler getummelt hatten, ganz verzichtet.

Um Auftritte bei Festivals und Stadtfesten gibt es auch heute immer wieder ein großes Gerangel, zumal viele Gruppen sich in einer ökonomischen Dauerkrise befinden. Auch können sich die zuständigen Kulturbeamten häufig über künstlerische Qualitäten kein Urteil bilden, was sich ebenfalls zugunsten jener Gruppen niederschlägt, die relativ bekannt sind und ein gewisses Verhandlungsgeschick aufweisen. Besonders unangenehm wird es dort, wo Veranstalter durch Verteilung von guten und schlechten Auftrittsorten, günstigen und ungünstigen Terminabsprachen usw. über den Wert einer Gruppe befinden. Der Kampf um Prestige und Rangordnung, von den Theatergruppen kaum gewünscht, trifft hier wie ein Bumerang die Akteure.

Mit der verstärkten Schaffung eigener Aufführungsstätten durch die Gruppen durchlief das Freie Theater daher einen wichtigen Stabilisierungsprozeß. Besonders unbekanntere und sehr ungewöhnlich arbeitende Gruppen erhielten hier gesicherte Auftrittsmöglichkeiten.

Berlin war schon von der ersten Stunde an einer der quirligsten Plätze des Freien Theaters, und Aktivitäten dieses Schmelztiegels hatten vielfache Ausstrahlung auf das Bundesgebiet. Es gab in der Stadt schon sehr früh Theaterkneipen- und -cafés sowie von den Gruppen selbstinstallierte feste Spielstätten. 1980 entstand das ›Tempodrom‹ als ein sehr lebendiges Forum für Freie Theateraktivitäten. Eine junge Frau kaufte von einer Erbschaft ein 2500 Personen fassendes Zirkuszelt, das einen festen Standort in Kreuzberg erhielt und in dem die vielfältigsten Projektarbeiten zwischen Theater und Zirkus stattfanden. Unzählige Theatermacher, Gaukler, Artisten arbeiteten hier an eigenwilligen Projekten, aber auch bereits bestehende Gruppen fanden in dem Kreuzberger Theaterzelt immer wieder Auftrittsmöglichkeiten.

Für eine Saison stand das ›Tempodrom‹ sogar sehr intensiv im Interessensfeld der Medien, denn Zeitungen, Fernsehen und Rundfunk berichteten ständig über die dortigen Aktivitäten. Jeder sah das, was er sehen wollte. 1980 fand das ›Festival of Fools‹ im ›Tempodrom‹ statt. Alle überlegten, wann die 500000 DM-Erbschaft wohl von den teilweise mammuthaften Projekten aufgezehrt sei, und irgendwann zu Ende das Jahres 1980 war es dann auch soweit, die Einnahmen konnten die Ausgaben nicht mehr decken.

Aber seit 1982 hat das ›Tempodrom‹ wieder seine Tore geöffnet. Eine Finanzspritze des Berliner Senats half auf die Beine, und Berlin hat seine Arena für das Freie Theaterspiel bis auf weiteres wieder.

Das ›TAT‹ (Theater am Turm, Frankfurt)

Das ›TAT‹ führt seit einigen Jahren folgendes Versuchsmodell durch: Ausgesuchte Freie Theatergruppen bekommen innerhalb eines bestimmten Zeitabschnitts Räume im ›TAT‹ nebst technischer und finanzieller Unterstützung für die Erarbeitung einer neuen Inszenierung. Die Gruppen verpflichten sich dafür, eine bestimmte Anzahl von Vorstellungen im ›TAT‹ durchzuführen.

So erarbeiteten das mittlerweile aufgelöste ›Karl Napps Chaos Theater‹ und die ›Schönen der Nacht‹ jeweils eine Inszenierung im ›TAT‹. Es mag schön klingen: Verwaltungstheater fördert nachhaltig Freies Theater. Doch leider hat dieses Modell in der freien Theaterszene einen sehr fragwürdigen Ruf bekommen. Das Theater-Direktorium läßt es sich nämlich nicht nehmen, in die Endphase der Inszenierungsarbeiten manipulativ einzugreifen, wie es z. B. bei der Arbeit der ›Schönen der Nacht‹ geschah. Bei den ersten Durchlaufproben fand sich das gehobene Theaterpersonal von der Verwaltung bis zum Direktorium in den Rängen ein und bekundete sein Mißfallen über einige Szenen. Nur durch nachhaltiges Eintreten der Gruppe für ihr Stück konnte diese eine Absetzung oder Verschiebung der Premiere verhindern.

Die Spielstätte Dankerrt

Wie vielen anderen Akteuren des Freien Theaters erging es auch Juliane Siemers. Als Schauspielerin am Staatstheater zweifelte sie in wachsendem Maße am Sinn dieses festen Gefüges, an den vorgeschriebenen Rollen und an dem hierarchischen Arbeitsablauf des etablierten Theaters. Daher beschloß sie, andere Wege, jenseits des Verwaltungstheaters, zu gehen. Sie hatte Ideen für ein unkonventionelles Stück und schaute sich nach entsprechenden Mitspielern um. Bald war eine Gruppe von vier Akteuren beisammen (Conny Walther, Frank Westermann, Michael Koch), die sich in den Räumen einer gerade in Konkurs gegangenen Druckerei einmietete. Es entstand *Clean EX* , ein Stück über Isolation und Vereinsamung, in der neu geschaffenen Spielstätte Dankerrt (siehe S. 150ff.).

Weitere Freie Gruppen traten nachfolgend in der ehemaligen Druckerei auf. Doch schließlich gab es einen unvorhergesehenen Besuch von seiten der Behörde, die das Theater kurzerhand schloß. Fehlende Notausgänge und mangelhaft ausgestattete Toilettenanlagen wurden als Gründe für die Theaterschließung herangezogen. In Verhandlungen mit dem Bezirksamt des Hamburger Stadtteils Eimsbüttel konnte jedoch erreicht werden, daß die Behörden die geforderten Umbauten selbst bezahlten. Das war immerhin ein Betrag von 36000 Mark. Nach einem knappen Jahr des Umbaus konnte man wiedereröffnen. Die Kulturbehörde stellte eine größere Summe für die Technik zur Verfügung, und für Inszenierungen wurden zusätzlich 15000 Mark (1981) bereitgestellt. Damit war die weitere Existenz der Spielstätte erst einmal gesichert. Alle Beteiligten mußten allerdings nebenbei einen anderen Job annehmen, um ihren Lebensunterhalt zu bestreiten. Doch man ist froh, mit dem Senatsgeld Miete, Heizungskosten, Strom und Telefon bezahlen zu können. Für 1982 gab es weitere 50000 Mark aus dem 250000 Mark starken Jahresbudget für Hamburger Freie Theater (vom Senat der Freien Hansestadt Hamburg). Die Fortsetzung der städtischen Unterstützung machte für die erste Zeit eine Fortsetzung der Theaterarbeit möglich. So soll in der Spielstätte Dankerrt – neben eigenen Produktionen der Betreiber – ein vielfältiges Spektrum der Freien Theaterarbeit aus Hamburg und anderen Orten gezeigt werden.

Was bleibt, ist die Doppelbelastung der Kerngruppe, die inzwischen auf zwei Frauen (Juliane Siemers und Conny Walther) geschrumpft ist, denn diese beiden müssen trotz ihrer vielen Aufgaben weiterhin nebenbei Jobs annehmen.

Von den Gastgruppen wird pro Auftritt eine Raummiete abverlangt, das restliche Eintrittsgeld bekommen die Theatergruppen für ihre Produktionskosten. Die Kerngruppe der Spielstätte Dankerrt erweitert sich ständig durch einen wechselnden Personenkreis. Im Dankerrt bemüht man sich auch darum, wechselseitige Anregungen zwischen theatralen Aktionen und der Bildenden Kunst zu intensivieren.

101/102 ›Feeler‹, Tanzprojekt einiger »im Staatsdienst stehender« Tänzer, die in der ›Spielstätte Dankerrt‹ (Hamburg) eigene Vorstellungen verwirklichen ▷

Workshops – Kurse – Seminare

Weiterbildung und Vertiefung der Freien Theaterarbeit erfolgen vielfach durch Workshops, Kurse und Seminare. Durch sie entstand ein weitläufiges Informationsnetz unter den Freien Gruppen, was sehr viel zu gegenseitiger Befruchtung und Bereicherung beigetragen hat.

Neben den professionellen und halbprofessionellen Akteuren gibt es viele Interessierte aus verschiedensten Personenkreisen, die sich hier tieferen Einblick in die Theaterarbeit verschaffen. Für einige wird es zum Einstieg in den neuen Beruf eines Schauspielers innerhalb einer Freien Theatergruppe. Berufsverbindend versuchen besonders Pädagogen und Sozialpädagogen ihre Workshoperfahrungen zu nutzen. So haben unterschiedlichste Formen theatralischer Spielmethoden Einzug in pädagogische Arbeitskonzepte gefunden, was von den Akteuren des Freien Theaters mit gemischten Gefühlen betrachtet wird, da ihre Methoden und Inhalte bereits in einige Universitäten, allerdings aufgeladen mit erschreckendem akademischen Ballast, eingedrungen sind.

Eine bestimmte Richtung von Workshops zielt stärker auf Selbsterfahrungstheater, auf das Psychodrama, ab. Diese Formen sind der Gestalttherapie und ähnlichen Modellen entnommen. Eine Umsetzung der gemachten Erfahrungen in theatrale Geschehnisse, die auch für größere Personenkreise von Belang sind, ist hier meistens nicht vorgesehen, da der therapeutische Effekt im Vordergrund steht.

Solche Theaterworkshops haben kaum Ähnlichkeit mit herkömmlichen Schauspielschulen. Sie werden von Theatergruppen oder Einzelpersonen abgehalten, die eigene Übungen oder Techniken bekannter Theatermacher, wie etwa Jerzy Grotowski, Dario Fo

103 Körpertraining bei einem Theaterworkshop

und Augusto Boal, die für das Freie Theater besondere Bedeutung besitzen, weitervermitteln. Auch stellen die Arbeitskonzeptionen von Schauspielschulen wie die von Decroux, Lecoq (Frankreich) oder Strassberg (USA), die sowohl für den etablierten wie auch für den freien Theaterbereich wichtig sind, zentrale Inhalte dieser Workshops dar.

Die bislang einzige längerfristige Ausbildungsmöglichkeit mit Schauspieltechniken des Freien Theaters wird vom ›Bildertheater‹ in Bremen angeboten. Seit 1981 gibt es dort in Zusammenarbeit mit Alphea (siehe ›Tanztheater Alphea‹, S. 119ff.) und einigen Theatertrainern einjährige Kurse, die zur Vertiefung des Erlernten nach Absprache mit den Trainern noch um ein weiteres Jahr verlängert werden können.

Bericht einer Teilnehmerin der Theaterausbildung beim ›Bildertheater‹

von Bärbel Spatzier

Sechs Jahre lang als Sozialpädagogin gearbeitet zu haben, bedeutete für mich, Jugendlichen einen Weg zu zeigen, was sie mit sich und ihrem Leben anfangen können, wie sie ihre Kräfte nicht gegen sich selbst richten, sondern etwas Sinnvolles und Kreatives damit aufbauen können, wie sie ihre Freizeit lebendiger gestalten, und, und, und.

Dann: Drei Monate Urlaub mit einer Gruppe von etwa 30 Leuten, die wie ich mit Sicherheiten im Rücken und Träumen im Kopf auf eine Gauklerreise gehen, um zu den Ursprüngen und Geheimnissen des fahrenden Volkes vorzudringen. Wir sind fasziniert von Clownerien, Akrobatik, Jonglieren, Musik, Straßentheater ... und probieren es einmal aus. Allmählich kommt mir die Gewißheit, daß Theaterspielen mir mehr bringen kann, wenn ich mich und meinen Traum davon ernster nehme.

Die Rückkehr nach Bremen hält eine Überraschung parat. Das ›Bildertheater‹ bietet einen zweijährigen Ausbildungskurs an – Kosten: 220 Mark monatlich.

Es gibt keinerlei staatliche Förderung, nur ein Haus mit geeigneten Räumen und sechs Ausbildern. Eine Anerkennung als Theaterausbildung gibt es ebenfalls nicht, es bleibt nur das, was du dir an Erfahrungen und Wissen mitnimmst.

Es gibt also keine Sicherheiten und doch weiß ich genau, daß ich auf die Sicherheiten, die mir mein geregeltes Einkommen bringt, verzichten kann und mich auf all diese Unsicherheiten einlassen will, weil ich es mit meinem Entschluß ernst meine.

Zur Prüfung melden sich 30 Personen, es bleiben 13, neun Frauen und vier Männer, an Alter und Lebenserfahrung recht verschieden. Die Ausbildung ist ein Full-Time-Job, und du kannst nebenher entweder abends oder am Wochenende in der Kneipe jobben, oder dir das Geld von den Eltern geben lassen, oder es von sonstwo bekommen (Arbeitslosengeld, Bafög etc.). Ich lasse mich also ein auf eine Gruppe mit 13 völlig unterschiedlichen Menschen und auf sechs Ausbilder, die ebenso unterschiedlich sind.

Die Theaterausbildung bestimmt von nun an mein Leben, montags bis freitags von 9.00 Uhr morgens bis abends und manchmal auch am Wochenende.

Jeden Morgen von 9.00 bis 11.00 Uhr Körpertraining bei Alphea: Die Entdeckung der eigenen Körperlichkeit mit so vielen Verspannungen, Schutzhaltungen, Verpanzerungen, die Entlarvung der mir eigenen Körpersprache, bringt eine ungeheure Verunsicherung für mich. Aber gleichzeitig ahne ich, welche Möglichkeiten sich mir bieten, wenn ich lerne, im Einklang mit meinem Körper zu leben und ihn als ein Instrument zu entdecken, das ich mir erarbeiten muß und aus dem ich viel mehr herausholen kann als ständige Mißtöne, wenn ich falsch mit ihm umgehe. Ich entdecke meinen Atem als den grundlegendsten Rhythmus meines Lebens. Ich erfahre meinen Körper nicht mehr als ein Hindernis, sondern als großartiges Ausdrucksmittel. Ich lerne vor allem jeden Morgen, daß ich an mir arbeiten muß und dazu viel Kraft brauche, die dann aber tausendfach zurückfließt.

Täglich von 12.30 bis 15.00 Uhr Improvisationen, Dramaturgie, Szenengestaltung: In dieser Zeit lerne ich vor allem Geduld. Geduld mit mir und mit den anderen in der Gruppe. Es gibt unendlich viele Möglichkeiten, eine Situation auszudrücken und zu spielen. Jeder Mensch hat ihm eigene Ausdrucksmöglichkeiten. Ich muß lernen, zu mir selbst stehen zu können und noch viel deutlicher zu werden, gleichzeitig aber die anderen zu akzeptieren und die Spannungen, die aus den Unterschiedlichkeiten entstehen, für ein Stück konstruktiv zu nutzen.

Montags und dienstags von 16.30 bis 17.00 Uhr Rhythmik und Perkussion bei Ulrik bedeutet: Zuhören lernen, loslassen lernen, den Kopf ausschalten können, zusammen spielen und dennoch stark in sich selbst sein. Wir erarbeiten uns unterschiedliche Perkussionsinstrumente, experimentieren mit Klang und Bewegung, erleben manchmal in guten Situationen, wie der Rhythmus uns ganz von allein fortträgt. Doch oft merken wir auch, wie schwer es ist, aufeinander einzugehen und selbst Teil des Klanges zu werden. Rhythmik bedeutet nicht, sich einfach gehen zu lassen, sondern eine Struktur zu geben, die es dann ermöglicht zu improvisieren. Das gemeinsame Timing und der Grundrhythmus sind ebenso wichtig für das Theaterspielen. Nicht Ausflippen ist die Devise, sondern Lockerheit bei gleichzeitiger höchster Konzentration.

Mittwochs nachmittags im Sprechunterricht bei Antje wird mir bewußt, welche unnötige Anspannung ich oftmals aufwende, um meine Stimme zu forcieren. Auch hier geht es darum, den Atem richtig fließen zu lassen und von innen heraus, ohne Anspannung von Muskeln, die Stimme zu kräftigen, den natürlichen Atemrhythmus wiederzufinden und daraufhin zu stärken und die Erweiterung des Stimmspektrums in Höhe und Tiefe zu erarbeiten.

Donnerstags von 16.00 bis 20.00 Uhr lernen wir anfangs mit Ellen, später mit Angelo die unterschiedlichsten Techniken des Masken- und Bühnenbaus, der Kostümgestaltung und des Schminkens. Wir arbeiten mit Lichteffekten und probieren das Maskenspiel. Verschiedene Farbgebungen erzeugen unterschiedliche Assoziationen, jeder Werkstoff beinhaltet ihm eigene Verwendungsmöglichkeiten. Jede freie Theatergruppe ist auch ihr eigener Bühnengestalter und Maskenbauer. Das Grundlagenwissen, das wir uns in dieser Zeit erarbeiten, kann in der praktischen Umsetzung für ein Stück später genutzt werden.

Donnerstags von 20.00 bis 22.00 Uhr: Massage mit Andrea. Die Aktivierung der körpereigenen Energien, die Lösung von Verspannungen, steigert das Wohlbefinden und die Lebensenergien. Diese Form von Aktivitäts- und Energiesteigerung ist für uns sehr wichtig, da wir neben der sehr arbeitsintensiven Ausbildung noch alle unseren Alltag organisieren und dennoch kreativ arbeiten wollen, obwohl wir einer Doppelbelastung unterliegen. Auch Techniken der Meditation und Entspannungsübungen lernen wir, für uns zu nutzen, um uns voll in eine Rolle hineinfinden zu können, ohne unseren persönlichen Alltagsfrust im Nacken sitzen zu haben.

Die einzelnen Bereiche der Ausbildung ergänzen einander und bauen aufeinander auf. Wir erarbeiten zusammen mit der Dramaturgin und Alphea ein Stück. Durch Improvisationen und Rollenfindung werden Ideen weiterentwickelt und zu einem Ganzen zusammengefügt. Sowohl die Arbeit an dem Stück, als auch die öffentliche Aufführung ist Teil der Ausbildung und wird durch die Arbeit in den einzelnen Kursen erst möglich.

Das ›Theaterhaus Berlin‹

Das ›Theaterhaus Berlin‹ besteht seit Anfang 1981. Till Dellerts, der die Gründung des Theaterhauses initiierte, kam von München nach Berlin, um dort nach neuen Wegen in der Theaterarbeit zu suchen. Zusammen mit anderen Interessierten mietete er 800 qm-große Probenräume an und erstellte ein Angebot an Kursen und Seminaren. Am Anfang ging es steil aufwärts. 1981 wurden mit über 500 Schauspielern internationaler Herkunft Kurse durchgeführt. Dann führten innere Zerwürfnisse und finanzielle Schwierigkeiten zum Zusammenbruch. Doch 1982 erfolgte ein Neubeginn in anderen Räumen.

Der Schwerpunkt der Studioarbeit liegt in der Vermittlung von schauspielerischen Entwicklungen, die aus der Grotowski-Linie und aus der Arbeit von Lee Strassberg erwachsen sind. In wachsendem Maße versucht man außerdem, Staatsschauspieler und solche aus dem freien Bereich zusammenzuführen. Für viele Schauspieler der Landes- und Staatstheater werden diese Exkurse in vollkommen andere Trainingsabläufe häufig zu Wendepunkten ihrer beruflichen Laufbahn. Das besagt, daß die hier erlebten kooperativen Trainings- und Spielmethoden als echter Kontrast zur herkömmlichen Arbeit an den großen Bühnen empfunden werden. Mancher Schauspieler will oder kann nach solchen Erfahrungen seinen Beruf nicht mehr im alten Stil ausüben; andere betrachten die Kurse als Erweiterung ihrer beruflichen Möglichkeiten und fühlen sich danach in der Lage, wieder neue Kräfte zu entfalten.

Geplant ist, aus der Studioarbeit mehr aufführungsfertige Produktionen entstehen zu lassen. Neben Schauspieltrainern aus der Grotowski- und der Strassberg-Linie sollen in regelmäßigen

Abständen Kurse mit Augusto Boal stattfinden, und auch Namen wie Dario Fo fanden sich auf der Trainerliste von 1982.

›Treffen in der Nacht‹

Im Sommer 1982 bot das ›Theaterhaus Berlin‹ ein ›Treffen in der Nacht‹ an. Geleitet wurde diese Veranstaltung von den beiden langjährigen Grotowski-Mitarbeitern Zbigniew Kozlowski und François Khan.

»*Elemente?* Das sind die einfachsten Dinge: Erde, Luft, Feuer, Wasser; wörtlich, ohne symbolische Bedeutung.

Wir verbrennen Energie, wir atmen Luft, wir sind von der Erde getragen, und falls wir unseren Widerstand aufgeben, können wir in den Raum fließen.

Elemente ist eine paratheatralische Arbeit. Basis ist die Bewegung, ohne die Kommunikation der Gebärdensprache. Warum keine Worte oder Zeichen? Weil durch solche Kommunikationsformen Mißverständnisse und Interpretationen entstehen.

Was bleibt? ›Ich bin in Ruhe, aufmerksam – Ich bin hier, in diesem Raum, in diesem Licht – Ich schaue – Ich werde gesehen – Ich bin reglos – Ich bin in Bewegung – Allein, an der Seite eines anderen, mit einem anderen, inmitten einer Gruppe.‹

Elemente ist der Versuch, für jeden Teilnehmer den Rahmen und die Bedingungen zu schaffen, sich mit sich selber zu konfrontieren, durch die einfachste Situation: Sein – Bewegen« (Theaterhaus Berlin, 1982).

Die ›Internationale Theaterwerkstatt Scheersberg‹

Ein wohl bisher einmaliger Ort für offene Theaterprojekte stellt die ›Internationale Theaterwerkstatt Scheersberg‹ dar, die jährlich im ›Jugendhof Scheersberg‹ bei Flensburg stattfindet. Aus einem Festival für Laien- und Amateurtheater entwickelte sich hier in den ausgehenden sechziger Jahren nach und nach ein internationales Forum für vielfältige Theaterexperimente.

Zunächst richtete sich die Zielsetzung darauf, gemeinsam herauszufinden, welche möglichen Formen von Theater – bekannte oder auch noch unbekannte – von Leuten benutzt werden könnten, die in der Theaterarbeit so etwas wie eine »Lebenshilfe« suchen: als Selbsterfahrung, als Erprobung neuer theatraler Kontaktebenen und als Kommunikationsformen. Was sich daraus im Laufe von wenigen Jahren entwickeln sollte, überstieg wohl die Erwartungen der Initiatoren erheblich. Denn es entstand eine Begegnungsebene für professionelle und nicht-berufsmäßige Theatermacher, und bald schon drangen von hier aus starke Impulse in die Freie Theaterszene der Bundesrepublik ein.

Ein wichtiger Grund mag darin zu finden sein, daß viele Kurse von Theaterleuten aus anderen europäischen Ländern geleitet wurden. Zu einem Zeitpunkt, als bei uns die Akteure der Freien Theater noch wenig differenzierte Stilmittel erarbeitet hatten, wirkten die Impulse aus Ländern, die in dieser Hinsicht fortgeschritten waren, besonders anregend. So wurde die fern vom Getriebe der Kulturzentren gelegene ›Internationale Theaterwerkstatt Scheersberg‹ zu einem heimlichen Umschlagplatz für neue Theaterformen.

1972 kam die englische Theatergruppe ›Bowsprit‹ und machte die seinerzeit in England schon gut funktionierenden sozialpädagogischen Arbeitsweisen von dortigen Freien Theatergruppen bekannt. In England, wo eine Trennung von Kunst und Leben nicht in dem Maße wie bei uns zu finden ist, kooperierten die ›Bowsprits‹ und viele andere Gruppen innerhalb des ›Theatre and Education‹-Systems mit Teilnehmern aus Schulen und Jugendhäusern, aber auch aus Gefängnissen, Altersheimen und Psychiatrischen Anstalten. Eine ähnliche Form der sozialpädagogischen Theaterarbeit etablierte sich bei uns in der zweiten Hälfte der siebziger Jahre durch spezifische Künstler/Schüler-Modelle, wie sie z. B. im Theater ›Nah-Bei‹ zu finden sind (siehe S. 199).

Neben den Kontakten ins westeuropäische Ausland knüpfte die ›Internationale Theaterwerkstatt Scheersberg‹ auch enge Verbindungen zu den äußerst vitalen Theaterländern Tschechoslowakei und Polen. In Polen gibt es eine sehr reichhaltige und lebendige Studententheaterkultur, die etwa 200 gut funktionierende Theatergruppen umfaßt. Hinzu kommen unzählige Gruppen, die oft nur für eine einzige Produktion kooperieren und sich dann wieder auflösen. Sie wurden bis zum Beginn der Polen-Krise im Jahre 1980 in erheblichem Maße staatlich gefördert, so daß sich hier eine bedeutende Potenz neben den etablierten Theatern ausbilden konnte. Im übrigen waren die polnischen Berufstheater nie in dem Maße wie bei uns etabliert, weil die stark experimentell ausgerichteten Studentenbühnen Maßstäbe setzten, die auch von den Berufstheatern wahrgenommen wurden.

Grotowski ist kein isoliertes Phänomen, kein einsames Glanzlicht am polnischen Theaterhimmel, wie häufig bei uns vermutet wird, sondern eine Erscheinung, die sich durchaus in eine spezifische Gesamtsituation einbettet. Während der siebziger Jahre waren fast alle namhaften polnischen Studententheater auf dem Scheersberg zu Gast und gaben Arbeitsproben.

Die ›Theaterwerkstatt‹ steht jedes Jahr unter einem besonderen Motto. In direkter Beziehung zu diesem Motto erarbeitet jeder der bestellten Kursleiter eine Konzeption für sein Projekt. Die Teilnehmer leisten innerhalb des Projekts eine Gruppenarbeit, die natürlich von den Kursleitern sehr forciert werden kann, die zugleich aber auch große Freiräume für jeden Teilnehmer bietet, eigene Vorstellungen in die Projektarbeit einzubringen. Direktes Vermitteln von Wissen und Erfahrungen durch die Kursleiter erfolgt in den Trainingsprogrammen, in denen umfangreiche Techniken der Körper-

104 Die Theatergruppe ›Stimme und Bewegung‹ mit Vladimir Rodzianko und Cornelia Hirschfeld auf der ›Internationalen Theaterwerkstatt Scheersberg‹ mit dem Workshop-Projekt ›Träume‹ (1978). Am ersten Tag der Projektarbeit stellte jeder Teilnehmer des Werkstattprojekts seinen Traum der ganzen Gruppe vor, wodurch sich alle kennenlernten. Vormittags fanden die technischen Vorbereitungen mit stimmlichen, tänzerischen, dramatischen und mimischen Übungen statt. Nachmittags und abends wurden die Traumerzählungen in szenische Ereignisse gefaßt. ▷

Zum Abschluß der Werkstatt präsentierten die einzelnen Gruppen die Bearbeitung ihrer Träume

lockerung und Körperbeherrschung, der Stimmübung, der Dramaturgie usw. weitergereicht werden. Zu jeder ›Theaterwerkstatt‹ wird eine Gruppe verpflichtet, die für ein Projekt zuständig ist und auch Vorstellungen aus dem eigenen Programm gibt. Am Ende der Werkstatt erfolgt eine Präsentation aller Projektarbeiten.

In den letzten Jahren konzentrierte sich die ›Theaterwerkstatt‹ auf verschiedene Untersuchungsfelder. Von 1980 bis 1982 gab es die Serien ›Theater und Masken‹ (1980), ›Theater und Musik‹ (1981), ›Theater und Raum‹ (1982). Dabei wurde jeweils die zweite Komponente in ein breitgefächertes Beziehungsfeld zum Theater gesetzt und unter diversen Aspekten erforscht.

Davor gab es eine über drei Jahre reichende Serie, die sich auf grundlegende Elemente des Theaterspiels wie Bilder, Geschichtenerzählen und Zeit konzentrierte. Damit waren die klassischen Komponenten des Theaters herausgefiltert, denn auf dem Theater werden Geschichten mit Hilfe von Bildern innerhalb einer Zeiteinheit erzählt.

Die Guckkastenbühne steht in Scheersberg eingewintert im Keller, man hat sie schon seit Jahren nicht mehr ausgepackt. Für das Publikum der abschließenden Aufführungen ist es manches Mal schwer, Zuschauer zu bleiben, da mitunter der ganze Raum zur Bühne wird. Dadurch mag es zuweilen selbst in der letzten Ecke für den Zuschauer etwas ›ungemütlich‹ werden, weil man ihn hier selten in seiner passiven, nur zuschauenden Rolle beläßt.

Der Schwerpunkt der Trainingsarbeiten lag in der zweiten Hälfte der siebziger Jahre deutlich auf Körper und Bewegung. Kritiker bemängelten, daß der Akzent zu sehr auf der Körperarbeit gelegen habe und der viel zitierte Dialog zwischen Kopf und Körper zu wenig stattfand. So bieten die vielfältigen theatralen Ereignisse am Scheersberg den Teilnehmern die Möglichkeit, an neuen Aspekten mitzuwirken und über den jeweiligen Stellenwert des Freien Theaters in anderen Ländern zu reflektieren. Im Laufe der letzten zehn Jahre pflegten zahlreiche Akteure der Freien Theaterszene Kontakt zur ›Theaterwerkstatt‹, trugen Impulse hinein und nahmen wichtige Anregungen von hier mit in ihre eigene Arbeit. Das geschah natürlich nicht immer ohne Spannungen. Auseinandersetzungen über konträre Standpunkte schufen ein Spannungsfeld, wie es für eine fruchtbare Arbeit unverzichtbar ist. Der intensive Einsatz der drei ständigen Werkstattleiter wahrte die Kontinuität der Kontakte besonders zu den ausländischen Theatermachern, zumal einer von ihnen, John Martin, als Schausspieler und Regisseur in London arbeitet.

Alles in allem ist die ›Internationale Theaterwerkstatt Scheersberg‹ als ein echter Glücksfall zu betrachten. Keiner kann sich so recht erklären, wie diese seltene Pflanze innerhalb der Begegnungsstätte ›Jugendhof Scheersberg‹, die sich einer Belebung des regionalen Kulturlebens verschrieben hat, fast ungestört über ein Jahrzehnt wachsen und erblühen konnte. Allerdings sind die Gegebenheiten hier äußerst günstig. Denn die Teilnehmer können sich hier voll und ganz auf die Theaterarbeit konzentrieren, da für alles andere gesorgt ist. Es können Experimente durchgeführt werden, ohne daß man auf fertige Produkte sehen muß. Fast zwangsweise entsteht in dieser Atmosphäre ein dichtes Kommunikationsfeld, aus dem viele Akteure für ihre weitere Arbeit wegweisende Anregungen beziehen.

Die Veranstaltungen sind für Einzelteilnehmer ausgeschrieben, woraus eine recht ungewohnte Mischung des Teilnehmerkreises resultiert. Hier treffen Menschen, die zum ersten Mal etwas mit Theater zu tun haben, mit versierten Schauspielern zusammen. Dabei müssen es nicht unbedingt die Anfänger sein, die von den anderen lernen. Sie bieten nach Überwindung der Anfangsängste oftmals, besonders bei den Improvisationen, mehr als die erfahrenen Schauspieler, denen die Routine manche Quellen zugeschüttet hat.

Weil eben solche Freiräume, wie sie die ›Theaterwerkstatt‹ zum Nutzen der Freien Theaterszene in der Bundesrepublik bereitstellt, noch Rarität besitzen, ziehen wohl auch allmählich die ersten drohenden Wolken über diesem ›Glücksfall‹ auf. Denn der eher konservative Trägerverein, den das Land Schleswig-Holstein finanziert, ist sich zur Zeit nicht mehr sicher, ob die ›Theaterwerkstatt‹ der eigenen Zielsetzung, »für eine Belebung des regionalen Kulturlebens zu sorgen«, noch dient. So weiß denn niemand, ob nicht am Ende doch in dieser kreativen Entwicklungsstätte der freien deutschen Theaterszene die Lichter ausgehen könnten.

Ökonomische Bedingungen

Fast alle Freien Theaterguppen leiden unter einer finanziellen Dauerkrise. Der Existenzdruck ist außerordentlich stark, und schon eine einzige Produktion, die beim Publikum nicht ›ankommt‹, kann eine Gruppe in arge Bedrängnis bringen. An diesem Punkt taucht dann die Frage auf, inwieweit die Freien Theater sich den Erwartungen des Publikums anpassen wollen und müssen. Hat auch hier das Theater einen überwiegenden »Lieferantencharakter«, um mit Bertold Brecht zu sprechen?

Die Freie Theaterszene bezieht zu diesem Problem sehr unterschiedliche Standpunkte, und so zieht sich der Meinungsstreit in der Frage, ob Freie Theater Subventionen annehmen sollten oder nicht, in vielfältiger Variation quer durch die Reihen der Akteure.

Die Befürworter halten eine qualitative Theaterarbeit ohne Subvention für unmöglich, zumal sich die mitgliederstärkeren Gruppen einem großen Kostendruck ausgesetzt sehen, denn es müssen Gehälter an die Mitglieder, Unterhaltungskosten für einen Transporter, Mieten für Probenräume, Versicherungen, Telefongebühren und eine Menge anderer Nebenausgaben gezahlt werden. Gehen die Theatermacher nebenbei einem Job nach, so leidet gewiß die Theaterarbeit unter der Doppelbelastung. Daher stellt sich für viele Gruppen an einem bestimmten Punkt die Alternative, als Laiengruppe neben dem Beruf weiterzumachen oder ganz vom Theaterspiel leben zu wollen, was ein ›Durchstarten‹ in die Professionalität mit allem, was dazugehört, bedeutet. Und dazu gehört manchmal auch, Inszenierungen auf das Publikum zuzuschneiden und Stücke, die gut laufen, lange im Programm zu halten. Hieraus leitet sich ein weiterer Punkt für die Subventionsbefürworter ab. Sie machen geltend, daß eine so vielfältige und wichtige Kulturarbeit, wie sie die Freien Theater leisten, nicht nur von der Anzahl der verkauften Eintrittskarten abhängen sollte, zumal die Städte mit Riesensummen Opern und Theaterhäuser zu subventionieren pflegen, die aber letztendlich nur von einer kleinen Schicht besucht werden.

Große Städte wie Berlin und Hamburg haben inzwischen besondere Förderungsmodelle für Freie Theater eingerichtet. So bezuschußte Berlin seine Theatergruppen 1982 mit einer Million DM, und Hamburg zahlte 250 000 DM. Angesichts der vielen Antragsteller und den hohen Summen, die zur Errichtung oder Ausweitung fester Spielhäuser aufzuwenden waren, blieb allerdings für Inszenierungskosten nicht mehr allzu viel übrig.

Von einigen Theatern wird beklagt, die Behörden seien eher geneigt, an solche Gruppen Gelder zu verteilen, die unkritisches Theater machten. War bislang von den Befürwortern die Rede, so setzen an diesem Punkt die Gegner von Subventionen an. Ihre Befürchtungen gehen dahin, daß die Freien Gruppen mit den Geldern ›mundtot‹ gemacht werden sollen und allmählich selber die »Schere im Kopf« anwenden. Ein ganz wesentliches Element der Freien Theaterarbeit, die weitgehende Unabhängigkeit von Behörden und Staat, sei damit gefährdet. Nicht zuletzt sehen die Subventionsgegner auch die Gefahr einer veränderten Struktur im Freien Theater, sobald es sich auf eine Subventionsgrundlage stützt. Mit dem Verzicht auf Autonomie sei auf die Dauer ein Zusammenbruch des Freien Theaters unvermeidlich.

Die Zahl der Freien Theater mit kontinuierlichen Subventionszuwendungen ist allerdings sehr gering, und so gibt es denn auch manches Gerangel um die Zuschüsse, die allzuoft unmittelbar über die Existenz einer Gruppe entscheiden.

Blickt man fünf oder zehn Jahre zurück, so ist eine starke Professionalisierung im Freien Theaterbereich zu verzeichnen. Gab es vor Jahren noch viele Gruppen, die halbprofessionell arbeiteten, so zwingen die gestiegenen Ansprüche zum ›Alles oder Nichts‹. Zudem ist es durch die Entwicklung auf dem Arbeitsmarkt erheblich schwieriger geworden, fehlende Einnahmen durch einen Gelegenheitsjob auszugleichen. Vielerlei Probleme gibt es auch mit den Gagen. Veranstalter, wie etwa Jugendhäuser und Kommunikationszentren, sind häufig finanziell sehr schlecht gestellt. Die Gruppen treten hier für geringe Gage, manchmal ›unter dem Selbstkostenpreis‹, auf. Das ist natürlich auch den kommerziellen Veranstaltern bekannt, die daher oft versuchen, die Gagen herunterzudrücken und die Gruppen gegeneinander auszuspielen.

Eine wichtige Einnahmequelle neben den Eintrittsgeldern und Gagen stellt der Unterhalt von Workshops dar. Daher bieten fast alle Gruppen Workshoparbeit an, deren Dauer zuweilen nur über einige Tage, manchmal aber auch über Wochen und Monate läuft.

Die ›IFTA‹ (Initiative für die Freiheit der Theaterarbeit)

Zur Interessenswahrnehmung der Theatermacher, etwa gegenüber der Bürokratie, gibt es verschiedene Zusammenschlüsse. Die größte Organisation ist die ›IFTA‹, die ›Initiative für die Freiheit der Theaterarbeit‹, die sowohl Personen aus dem institutionalisierten wie auch aus dem Freien Theaterbereich umfaßt, denn in ihr sind Laien und Theaterprofis vertreten. Jenseits aller unterschiedlichen Anschauungen stellt die spezifische Ästhetik des Theaters die gemeinsame Basis dar, worunter man konkret die Abwehr jedes politischen und ökonomischen Drucks auf das Theater meint.

Unmittelbarer Anlaß zu der spontan erfolgten Gründung der IFTA war eine politische Attacke auf den Intendanten des Wiesbadener Schauspielhauses, gegen die sich Kollegen des Theatermannes und diverse Gruppierungen geschlossen solidarisierten. Seitdem dient der lockere Zusammenschluß, dem sich immer zahlreichere Gruppen, Institutionen und Einzelpersonen angliederten, der gegenseitigen Verständigung und Hilfe aller Theaterschaffenden, die sonst kaum eine gemeinsame Begegnungsplattform hätten.

Zentraler Aufgabenbereich ist die Wahrung der künstlerischen Freiheit und die Bekämpfung direkter oder indirekter Zensur, die besonders die Arbeit der institutionalisierten Theater erschwert, aber auch die Freien Gruppen voll trifft, wenn etwa die Vergabe von

Geldern oder andere Formen der Unterstützung durch politische Kräfte, denen die Richtung einer Gruppe nicht gefällt, erschwert oder unmöglich gemacht wird. Konfliktfälle gibt es genügend, die von der IFTA gesammelt und im Kollegenkreis erörtert werden. Neben diesen internen Beratungen macht eine breite Öffentlichkeitsarbeit auf solche Vorfälle aufmerksam und sucht zugleich den vermittelnden Dialog mit den kulturpolitischen Instanzen.

Mittlerweile gehören über 300 Gruppen zu dieser Organisation. Man errichtete eine Vermittlungsstelle für Freie Gruppen und organisiert Theaterseminare, wo gegenseitiges Konkurrenzverhalten besprochen und zu Hilfsaktionen für finanziell bedrohte Gruppen aufgerufen wird. Darüber hinaus setzt man sich unmittelbar mit Formen des Theatermachens auseinander:

»Unser Ziel ist die Entwicklung eines aufklärerischen, politischen Theaters, das auch auf die vergessene Tradition des deutschen Volkstheaters zurückgreift und dessen Formen politisch aktualisiert. Das Groteske, die Satire, subversiver politischer Witz und Humor sind für uns wichtige Mittel, um neben der bloßen Aufklärung über die traurige Realität auch im ›befreienden‹ Lachen Widerstand und Solidarität zu mobilisieren.

Wir versuchen, uns diesem Ziel zu nähern, indem sich bei jedem Treffen der IFTA einzelne Gruppen mit ihrer Arbeit vorstellen, die wir zum konkreten Anlaß nehmen, uns anschließend über Form, Inhalt und Spielweise des Geschehens auseinanderzusetzen.« (›IFTA‹, Offenbach, Dokumentation ›Der Freiheit der Gasse‹)

Berliner Theatergruppen im Kulturrat

Der Berliner Kulturrat ist ein langjähriger Zusammenschluß von vielen Gruppen und einzelner Kulturschaffender aus den unterschiedlichsten Bereichen. Zielvorstellung war die Bildung eines wirksamen Gremiums, das die Durchsetzung von Mitbestimmung in allen kulturellen und kulturpolitischen Bereichen verwirklichen sollte.

1979 beantragte eine Reihe von bekannten Freien Theatern aus Berlin die Aufnahme in den Kulturrat, um die eigenen Vorstellungen effektiv vertreten zu können. Das gemeinsame Ziel lag in einer grundlegenden strukturellen Verbesserung der eigenen Arbeitsbedingungen. Als direkte Forderung verlangte man vom Berliner Senat, mehr Proben- und Aufführungsräume bereitzustellen, da nur so eine kontinuierliche Theaterarbeit gesichert sei, und machte auch nachhaltig auf die Notwendigkeit von finanzieller Förderung für Freie Gruppen aufmerksam.

Wenn im Jahre 1982 die Förderung der Freien Theater in Westberlin eine Million DM beträgt, so ist dies auch ein Verdienst der Berliner Theatergruppen im Kulturrat, wenngleich die Summe aufgrund der großen Zahl an Gruppen nicht mehr als ein Tropfen auf den heißen Stein und schon gar nicht ein warmer Regen ist.

Doch über diese Aktionsplattform gegenüber dem Senat bemühen sich die hier organisierten Gruppen zunehmend um diverse gegenseitige Hilfestellungen in Gestalt von Tourneen und Workshops und erfahren sich dabei in wachsendem Maße selbst als Freunde und Partner und nicht mehr als Konkurrenten.

Zusammenschluß Hamburger Freier Theater

Im Oktover 1982 realisierten 29 Freie Theatergruppen aus Hamburg ein selbstorganisiertes Festival. Mit dieser Veranstaltung sollte für den Erhalt eines ehemaligen Fabrikgebäudes geworben werden, in dem vorübergehend der Malersaal des Hamburger Schauspielhauses untergebracht war. Die Theatergruppen forderten, statt eines Abrisses eine Nutzung durch den nicht-institutionalisierten Kulturbetrieb vorzunehmen. Weiteres Ziel dieser Aktion war es, einen engeren Zusammenschluß der Freien Theatergruppen in der Stadt vorzubereiten. So lautete denn das erste Motto: »Sich zusammensetzen ist produktiver als sich gegeneinander ausspielen (lassen), Zusammenspielen fördert die Auseinandersetzung.« Weiter heißt es: »Wir, die wir aus verschiedenen Gründen nicht in die Mechanismen des institutionalisierten Theaterbetriebes eingebunden sein wollen, sind umso stärker ausgesetzt den (beinahe noch frühkapitalistisch strukturierten) Bedingungen des ›Freien Marktes‹. Zweites Motto: ›Wir sind so frei, wie der freie Markt sich fühlt‹.«

Am Ende schuf die gemeinsame Planungs- und Durchführungsarbeit des Theaterfestivals von 1982 sowie die Formulierung eigener Zielvorstellungen eine Plattform für Verhandlungen mit den Hamburger Behörden und initiierte auch einen verstärkten kommunikativen Erfahrungsaustausch zwischen den einzelnen Theatergruppen.

Ausländische Theatergruppen

›The Lindsay Kemp Company‹, Großbritannien

Mit der ›Lindsay Kemp Company‹ aus England stellt sich eine der schillerndsten internationalen Gruppen der Freien Theaterszene vor. Vielfach finden ihre Aufführungen in den großen Schauspielhäusern der Welt statt, und so fällt es eigentlich ein wenig schwer, sie grundsätzlich dem freien Bereich zuzurechnen. Doch Form und Inhalt ihrer revueartigen Stücke sowie die Organisation weisen die 1962 gegründete ›Company‹ als eine typische Erscheinung des englischen ›fringe theatre‹ aus. ›The Lindsay Kemp Company‹ ist ein unabhängiges Unternehmen, niemals in seiner mehr als fünfzehnjährigen Geschichte hat es Subventionen oder finanzielle Unterstützung erhalten. Das mag der Grund sein, warum die Truppe erfolgreich den Erstarrungstendenzen des institutionalisierten Theaters widerstanden hat. »Wir propagieren kein politisches oder literarisches Konzept. Theater ist für uns der ›rituelle Austausch‹ von Energien. Wenn wir etwas erreichen wollen, so allenfalls das: daß die Leute sich an ihre psychische Freiheit erinnern. Wir möchten zum ganzen Menschen sprechen, nicht nur zum Intellekt, und deshalb versuchen wir, eine sinnliche Theatersprache zu finden, sehr plastisch und poetisch, und hoffen, daß die Bühne wieder zu einem Ort von Zauber und Gefahr, Spaß und Leidenschaft, von Vereinigung und Katharsis wird. Unser Theater ist für alle da: eine Synthese von verschiedenen Stilen (Tanz, Pantomime, Theater, Zirkus, Kino), eine Verbindung von Antonin Artaud und Busby Berteley, von Isadora Duncan und David Bowie (der einmal zu unserer Truppe gehörte), von Nô-Theater und Folies Bergère.« (Lindsay Kemp, Festivalkatalog: ›Theater der Nationen‹, Hamburg 1979).

Die Gruppe besteht im Schnitt aus 15 Personen, die oft die verschiedensten Nationalitäten haben. Im Programm führt man nur wenige Stücke, die aber sehr lange gespielt werden (*Flowers* seit über zwölf Jahren) und sich im Lauf der Zeit immer wieder stark verändern.

105–109 Die sinnlich-poetische Theatersprache der ›Linsay Kemp Company‹

Das ›Natural Theatre‹, Großbritannien

Die Gruppe macht ein reines Straßentheater, das meistens mit komischen, manchmal mit provokanten Varianten des britischen Humors unter größeren Menschenmassen agiert. So gehört eine Art Kinderwagenrallye, bei der ein Troß von Kinderwagen (belegt mit winzigkleinen Puppen) quer über Straßen und Gehwege zieht und rote Ampeln mißachtet, um anschließend zehn- bis zwanzigmal einen Platz zu queren, ebenso zum Repertoire wie die unauffällig-auffällige Suche eines englischen Bobbies nach einer bestimmten Person. Dabei werden Passanten mit in die Fahndung einbezogen, bekommen ein Bild von Prinz Charles vorgehalten und werden nach Auskünften über dessen Aufenthaltsort befragt, während zwei andere Akteure des ›Natural‹ in pompösen Staatsgewändern als Lady Diana und Prinz Charles unter hoheitsvollen Gesten durch die Menge schreiten. Solch simple Aktionen leben von einer erstaunlichen Konsequenz, mit der das Spiel durchgehalten wird. Die Schauspieler haben sehr gute pantomimische Fähigkeiten. Sie bewegen sich in intervallartigen Rhythmen durch die Menge, agieren eine gewisse Zeit in einem bestimmten Bereich und bewegen sich danach sehr schnell zu einem neuen Aktionsort. Die Wirkung solcher Bilder mag wohl am ehesten der Überstilisierung von Alltagsgeschehen entspringen und ist, wie schon gesagt, sehr britisch.

110 Das ›Natural Theatre‹ (Großbritannien) auf der ›Suche nach Prinz Charles‹ ▷

111 Szene aus der Kinderwagenrallye ▷

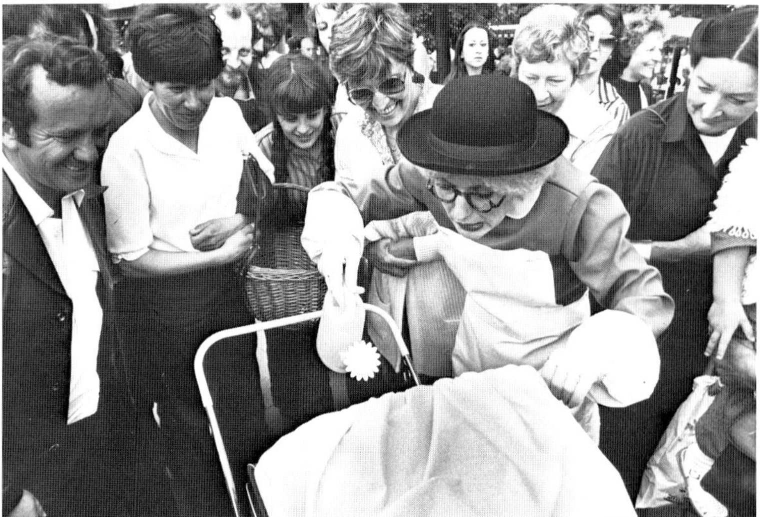

›Lilith‹ – ein Theater für Frauen aus den USA

Ein eindrucksvolles Frauentheater, das häufiger in der Bundesrepublik gastiert und viele Anregungen für ähnliche Unternehmungen verbreitet hat, stellt die kalifornische Gruppe ›Lilith‹ dar. Seit 1974 erarbeitet sie Theaterstücke mit und über Frauen. »Der Zweck von ›Lilith‹ ist, das allgemeine öffentliche Verständnis über das Leben von Frauen und über ihre Rollen zu vergrößern. Die Stellung von Frauen in unserer Gesellschaft verändert sich rapide, erzeugt viel Verwirrung und Diskussionen über den angemessenen Rahmen für Frauenaktivitäten. Wir beabsichtigen, mit Hilfe des Theaters das Dilemma zu erforschen, dem sich diese im Wandel begriffene Gesellschaft gegenübersieht.« (Lilith)

›Lilith‹, eines der ganz wenigen professionellen Frauentheater in Kalifornien, hat in den letzten sieben Jahren acht umfangreiche Produktionen aufgeführt, von denen sechs in Gruppenarbeit oder auch von einzelnen Mitgliedern geschrieben wurden. Die Stücke handeln von der Geschichte der Frauenunterdrückung, von Frauenarbeit und der Frauenbewegung, von kollektivem Leben, Abtreibung, Schwangerschaftsverhütung, Mutter-Tochter-Beziehungen und lesbischer Liebe. Die Auftrittsorte der Gruppe erstrecken sich von Straßen, Plätzen und Fähranlegestellen bis hin zu großen Theatersälen. ›Lilith‹ gibt aber auch Vorstellungen in Gefängnissen, Psychiatrischen Anstalten und Jugendheimen. Ein anderer wichtiger Bereich ihrer Arbeit sind offene Workshops mit Schauspieltechniken, feministischem Theater und kollektiven Inszenierungen, aus denen viele neue Frauentheater hervorgegangen sind. Die Workshops werden auch auf Gastspielreisen abgehalten. ›Lilith‹ hat mit durchschnittlich 40 Frauen eine ungewöhnlich hohe Mitgliederzahl, normalerweise arbeiten etwa zehn Gruppenmitglieder an einer Inszenierung. Es gibt eine Kerngruppe für die verschiedenen Aufgabenbereiche, deren Besetzung zum Teil durch Wahl erfolgt. Wichtige Entscheidungen werden von allen Mitgliedern zusammen getroffen.

112 ›Lilith‹, ein professionelles Frauentheater aus Kalifornien

›The New York Street Theatre Caravan‹, USA

›Caravan‹ zeigt ein starkes soziales Engagement und macht dennoch ein sehr sinnenfrohes farbiges Theater. Die Gruppe wurde 1969 von der Schauspielerin Marketa Kimbrell gegründet, die trotz großer Erfolge über Jahre hinweg immer wieder nach innovativen Wegen der Theaterarbeit gesucht hat. ›Caravan‹ spielt mit Vorliebe dort, wo die ›Zukurzgekommenen‹ der amerikanischen Gesellschaft zu finden sind, also in ärmeren Stadtvierteln, Gefängnissen, Fabrikhallen, auf den Baumwollfeldern. Die Schauspieler sind verschiedener Rasse und Herkunft und repräsentieren mit Schwarzen, Indianern, Puertoricanern und Weißen die rassengemischte US-Bevölkerung. Rassendiskriminierung spielt denn auch in den Produktionen von ›Caravan‹ eine zentrale Rolle. Das Stück *Hard Time Blues* fußt auf dem Märchen von den ›Bremer Stadtmusikanten‹. Den Esel spielt ein Schwarzer, den Hund ein Puertoricaner, den Hahn ein Indianer, die Katze wird durch eine weiße Vertreterin der ›poor whites‹ dargestellt. »Die Botschaft ist klar: nur vereint können die getretenen Tiere, Minderheiten allesamt, zu Anerkennung, Lebensunterhalt und Menschenwürde gelangen.« (Festivalkatalog: ›Theater der Nationen‹, Hamburg 1979).

Alle Darsteller sind ausgezeichnete Musiker als Instrumentalisten und Sänger. Der sehr schnelle und vitale Spielverlauf mit viel Mimik und Akrobatik wird von Musikeinlagen unterbrochen, die jeweils in die nachfolgende Phase des Stückes überleiten. Diese eindrucksvollen Gesänge zeigen einen kleinen Querschnitt durch den reichen Schatz, den Nordamerika an volkstümlichen Liedern aufzuweisen hat.

113 ›Caravan‹ in einer Szene zum Thema Arbeitskampf ▷

114 ›Caravan‹ in einer Szene zu den Klassenunterschieden der amerikanischen Gesellschaft ▷

SHORTER HOURS
OVERTIME PAY

JEW
WORKER
Puerte

›The San Francisco Mime Troupe‹, USA

Seit über 20 Jahren besteht die fast schon legendär gewordene ›San Francisco Mime Troupe‹. In direkter Konzentration auf das Gegenwartsgeschehen hat sie im Laufe der Zeit so ziemlich alles verarbeitet, was die amerikanische Gesellschaft zwischen den Beatniks der Endfünfziger und Ronald Reagan zu Beginn der achtziger Jahre bewegte und veränderte. Die Zeit der ungeheuren Aufbruchstimmung in den sechziger Jahren begleitete sie ebenso wie das Trauma nach Vietnam und Watergate, auch Hippie-Movement, Bürgerrechtsbewegung und Studentenunruhen spiegeln sich in den Stücken dieser Gruppe wider. Überfluß und Armut, Korruption und Rassendiskriminierung sind die zentralen, kontinuierlich verfolgten Themen, während andere nur als modische Zeiterscheinung auftraten und bald wieder verschwanden. Die ›San Francisco Mime Troupe‹ versuchte stets, die vielen Zeitströmungen zu artikulieren und ihre tieferliegende Essenz sichtbar und greifbar zu machen.

1959 wurde die Gruppe von Ronny Davis gegründet und arbeitete bis 1962 als experimentelle Studiobühne. Daran schloß sich eine Phase der Auseinandersetzung mit dem Volkstheater im Stile der Commedia dell'arte an, wobei man eine frühe Form der Commedia dell'arte benutzte und sogar deren Masken und Kostüme übernahm. Die Orte der Handlung lagen in Italien, und selbst italienische Redewendungen zierten die Stücke. Die Stoffe für die Szenarien stammten u. a. von Machiavelli, Ruzzante, Goldoni und Molière. Sie dienten als Spielgerüst und wurden in improvisatorischer Form mit aktuellen Themen angefüllt. Zu solchen Inhalten standen die alten Masken und Kostüme in einem merkwürdigen Kontrast, der zuweilen die innere Spannung und Dramaturgie eines Stückes steigerte, zuweilen aber auch ungelöste Widersprüche in den Raum setzte. Mit dieser Adaption der Commedia dell'arte nahm die ›San Francisco Mime Troupe‹ vieles vorweg, was andere Gruppen erst wesentlich später erprobten.

115 ›The San Francisco Mime Troupe‹ in Commedia dell'arte-Kostümen, um 1970

116 ›The San Francisco Mime Troupe‹ beim ›Festival of Fools‹ in Amsterdam, 1980

1968 vollzog sich dann ein Wandel. Man verzichtete weitgehend auf die Elemente der Commedia dell'arte und erarbeitete für jedes Thema die jeweils geeignete Form. 1970 verließ der Gruppengründer Ronny Davis, der bis dahin viele Fäden in der Hand hielt, die ›Mime Troupe‹. Damit wandelte sich auch die innere Struktur der ›Mime Troupe‹, denn nun entschieden die Gruppenmitglieder alle künstlerischen und organisatorischen Fragen gemeinsam. Aus dem alten Konzept blieb nur das politische Engagement.

Schnelle Handlungen mit unvermittelt eingeschobenen Szenen reißen die Zuschauer aus ihrer Routine. Mit einer Mischung aus Show, Musiktheater, Clowneske und Sprechtheater legen die Stücke den kritischen Zeigefinger in so manche Wunde der amerikanischen Gesellschaft. Das Publikum wird nicht provoziert und angegriffen, sondern man kommt seinem Verlangen nach Unterhaltung entgegen und nutzt das theatrale Vergnügen als Vehikel für aufklärende und aufrüttelnde Aussagen.

In den USA gilt die ›San Francisco Mime Troupe‹ als führendes politisches Volkstheater. Auseinandersetzungen mit Behörden verursachten Auftrittsverbote, Inhaftierungen von Mitgliedern und kostspielige Prozesse. Die ›Mime Troupe‹ besteht aus etwa 20 Personen, vier sind noch von der alten Kerngruppe. Sie arbeitet ohne jegliche Subventionierung. Gastspielreisen führten häufig nach Europa, wo man eine starke Resonanz fand. In den USA macht die Gruppe jedes Jahr eine große Tournee, bei der sie in Jugendheimen und Gefängnissen ebenso wie auf großen Bühnen auftritt. Dem Straßentheater hat die Truppe nie entsagt, und so kann man das Spiel einer der innovativsten und bekanntesten Theatergruppen Amerikas noch immer auf der Straße oder im Park erleben..., und nach der Vorstellung wird der Hut herumgereicht.

117–119 ›The San Francisco Mime Troupe‹ weist in ihrem Stück ›Cacao or Last Tango in Huahuatenango‹ auf moderne Formen kolonialer Ausbeutung am Beispiel Mittelamerikas hin (Aufführung in Hamburg, 1981) ▷

Das ›Squat Theatre‹, New York

Es ist heute viel die Rede von den Mythen unserer Zeit, von den Mythen der Industriegesellschaft; und kein Theater versteht es, mit solcher Radikalität und Eindringlichkeit die Alltagswelt in surrealistischen und zugleich real wirkenden Gebilden widerzuspiegeln wie das ›Squat Theatre‹ aus New York. Die Gruppe emigrierte 1976 aus Ungarn, wo sie bereits in Ermangelung anderer Auftrittsmöglichkeiten vielfach in Wohnungen spielte und dabei aus Stilisierung und Überbetonung alltäglicher Handlungen ihren seltsamen Stil entwikkelte, der aus unserer scheinbar tristen Alltagswelt heraus geheimnisvolle, tiefgründige Riten, Zeichen und Metaphern offenbart. Ihre Gleichsetzung von Kunst und Leben wirkt auf manchen Zuschauer schon beängstigend. Bei den Vorführungen in der New Yorker Ladenwohnung des ›Squat Theatre‹ sind Bühnen-, Wohn- und Zuschauerbereich sowie Straßengeschehen miteinander verwoben. Die Zuschauer erleben hinter den Akteuren durch das Ladenfenster die Straßenszenerie. Passanten, zufällige oder gezielt kommende, stehen vor dem Schaufenster. Das übliche lineare Bezugsfeld zwischen den Zuschauern und den Schauspielern ist relativiert oder gar zugunsten eines allgemeinen Ereignisfeldes aufgehoben. Handlungen geschehen drinnen wie draußen, mischen sich mit Filmprojektionen und Tonbandeinspielungen und der Szenerie der 23. Straße, die so zum Ort eines modernen Mysterienspiels wird.

Das ›Squat Theatre‹ nennt als Ziel der eigenen Arbeit: »Den theatralischen Raum im existentiellen und ideellen Raum unseres konkreten gemeinsamen Lebens zu finden. Das Nicht-Theater mit dem Theater zu durchdringen und das Theater für das Nicht-Theater zu öffnen. Fiktion und Wirklichkeit miteinander zu konfrontieren, Mensch und Schauspieler, Schauspieler und Zuschauer, Soziales und Ästhetisches ... und die Widersprüche zu befragen in einem klaren, offenen Theater. Die Mode, den Terror und den Witz ernstzunehmen, als den Spiegel der Aktualität.« (›Squat Theatre‹, Festivalkatalog: Theater der Nationen, Hamburg 1979)

Auftritte bei verschiedenen Festivals hat das ›Squat‹ auch in der Bundesrepublik bekannt gemacht, wo es zum Teil in leerstehenden Läden ähnliche Aufführungsbedingungen wie in seiner New Yorker Bühnenwohnung vorfand und dadurch sehr rasch zu einem wegweisenden und vielfach kommentierten experimentellen Theater emporgestiegen ist.

120–123 In dem Stück ›Andy Warhol's Last Love‹ schafft das ›Squat Theatre‹ einen mehrdimensionalen Ereignisraum, in den auch die Zuschauer mit einbezogen werden

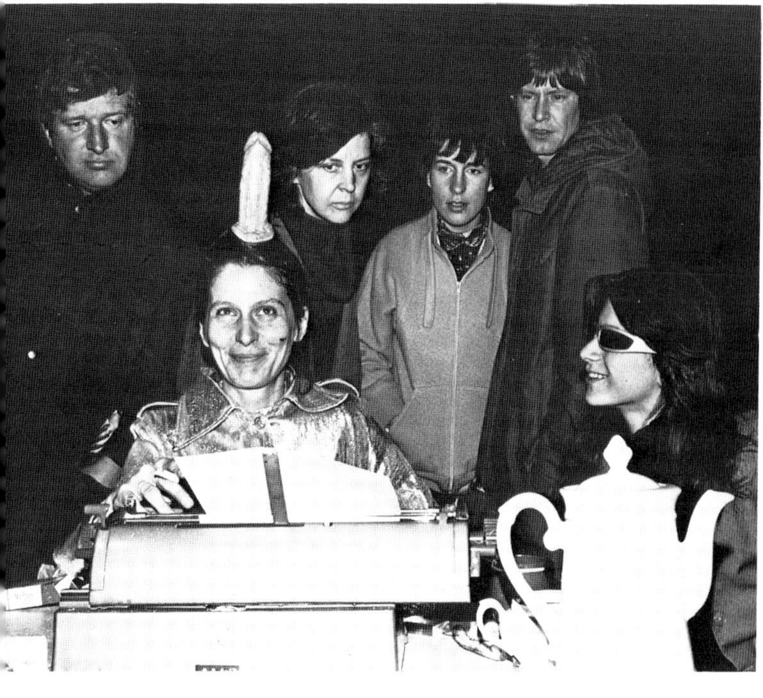

121/122

Literatur

Appignanesi, Lisa: Das Kabarett, Stuttgart 1976
Apollonio, Umbro: Der Futurismus. Manifeste und Dokumente einer künstlerischen Revolution 1909–1918, Köln 1972
Arp, Hans/Richard Huelsenbeck/Tristan Tzara: Die Geburt des Dada, Zürich 1957
Baumgarth, Christa: Geschichte des Futurismus, Reinbek 1966
Becker, Jürgen/Wolf Vostell: Happenings, Fluxus, Pop Art, Nouveau Réalisme. Eine Dokumentation, Reinbek 1965
Boal, Augusto: Theater der Unterdrückten, Frankfurt/M. 1976
Brecht, Bertolt: Schriften zum Theater (1–3), Frankfurt/M. 1967
Budzinski, Klaus: Die Muse mit der scharfen Zunge, München 1961
Dshiwelegow, A. K.: Commedia dell'arte, Berlin (Ost) 1958
Festivalkatalog: Theater der Nationen, Hamburg 1979
Grotowski, Jerzy: Das arme Theater, Hannover 1968
Heer, Hannes (Hrsg.): Dario Fo über Dario Fo, Köln 1980
Kolneder, W./V. Ludwig: Das Grips-Theater, Berlin 1979
Kultermann, Udo: Leben und Kunst, Tübingen 1970
Lach, Friedhelm: Der Merz Künstler Kurt Schwitters, Köln 1971
Marceau, Marcel: Die Weltkunst der Pantomime, Berlin (Ost) o. J.
Martin, M. W.: Futurist Art und Theory 1909–1915, 1968
Morschel, Jürgen: Deutsche Kunst der 60er Jahre, München 1972
Ohff, Heinz: Anti-Kunst, Düsseldorf 1973
Pörtner, Paul: Experiment Theater, Zürich 1960
Popper, Frank: Die Kinetische Kunst, Köln 1975
Puppen und Masken: Das Bread and Puppet Theatre, Köln 1980
Richter, Hans: Dada – Kunst und Antikunst, Köln 1978
Roberg, Dietmar: Theater muß wie Fußball sein, Berlin 1981
Schäffner, Lothar: Das Kabarett, der Spiegel des politischen Geschehens, Dissertation, Kiel 1960
Schlemmer, Oskar: Die Bühne im Bauhaus, München 1925
Schneede, Uwe M.: Die Zwanziger Jahre, Köln 1979
Soubeyran, Jean: Die wortlose Sprache, Velber 1963
Souther, Richard: Die sieben Zeitalter des Theaters, Gütersloh 1966
Stenzaly, Georg: Szenarium einer Hamburger Dramaturgie. Bilder und Beiträge aus dem Freien Theater, Hamburg 1982
Taylor, J. C.: Futurism, New York 1961
Vostell, Wolf: Aktionen, Reinbek o. J.
Weihs, Angie: Freies Theater, Reinbek 1981

Fotonachweis

Petra Albers Umschlagvorderseite
Ulrich Gehner, Hamburg Abb. 6, 26–31, 37–39, 69, 70, 101, 102, 105–109, 113, 114, 120–123
Peter Paul Hammerschmidt, Berlin Abb. 49–53
Rainer Harjes, Flensburg Abb. 11, 19, 32–35, 54, 55, 84, 85, 92–95
Volker Hirsch, Köln Abb. 78, 79
Klinger & Lusznat, München Abb. 21–25, 76 a–c
Helga Kneidl, Hamburg Abb. 4
Klaus Lefebvre, Bremen Abb. 42–45
Ulrich Mahn, Elmshorn Abb. 77
J. F. Melzian, Berlin Abb. 48, 66–68, 103, 104
Stefan Odry, Köln Abb. 7
Christoph Riemer, Hamburg Abb. 20, 65
Ingo Röhrbein, Hamburg Frontispiz; Abb. 1, 2, 18, 83, 86–91, 97–100, 110, 111, 117–119
Rudolf M. Rohe, Bochum Abb. 71
Beate Rosenblenter, Hamburg Abb. 56–64
Gisela Scheidler, München Abb. 12
Bettina Secker, Hamburg Abb. 82
Friedemann Simon, Hamburg Abb. 40, 41
Abisag Tüllmann, Frankfurt/M. Abb. 5
Bernd Uhlig, Hamburg Abb. 3, 96
Vista Point, Köln Abb. 115, 116
Uli Weiss, Wuppertal Abb. 9, 10, 80, 81
Kurt Michael Westermann, Hamburg Umschlagrückseite; Abb. 46–48
Alle in diesem Verzeichnis nicht aufgeführten Fotos sind aus den Archiven der jeweiligen Theatergruppen.

Register

Personenregister

Sachregister

DuMont Taschenbücher

Stand Herbst '83

86 Arnheim, Entropie und Kunst
87 Giffhorn, Kritik der Kunstpädagogik
88 Walters/Sterner, Jugendstil-Graphik
89 Tetzlaff, Griechische Vasenbilder
90 Grassi, Die Theorie des Schönen in der Antike
91 Leber, Aquarellieren lernen
93 Elffers/Schuyt, Das Hexenspiel
94 Schreiner, Puppen & Theater
95 Hennig, Japanische Gartenkunst
96 Vierhuff, Die Neue Sachlichkeit
98 Clausberg, Kosmische Visionen
99 Fischer, Wasserburgen im Münsterland
100 Schulz, Der olle Hansen und seine Stimmungen
101 Freier, Fotografieren lernen – Sehen lernen
102 Vogel-Köhn, Rembrandts Kinderzeichnungen
103 Badt, Die Farbenlehre van Goghs
104 Hansmann, Die Apokalypse von Angers
105 Foerster, Das Barock-Schloß
106 Gardner, Mathematik und Magie
107 Elffers/Schuyt/Leeman, Anamorphosen
108 Adriani/Konnertz/Thomas, Joseph Beuys
109 Fischer, Hanse-Städte
110 Spitzing, Das indonesische Schattenspiel
111 Presler, L'Art Brut
112 Adrion, Die Kunst zu zaubern
113 Bialostocki, Stil und Ikonographie
114 Schulz, Der Kuckuck und der Esel
115 Hofmann, Ton
116 Champion, DuMont's Lexikon archäologischer Fachbegriffe und Techniken
117 Assunto, Die Theorie des Schönen im Mittelalter
118 Polin/Rain, Wie man besser flippert
119 Petsch, Geschichte des Auto-Design
120 Grünebaum, Buntpapier
121 Berger, Malerinnen auf dem Weg ins 20. Jahrhundert
122 Schmidt-Brümmer, Wandmalerei
123 Winzer, DuMont's Lexikon der Möbelkunde
124 Dohmen, Die Lithographie
125 Vielmuth/Kandorfer, Fachwort-Lexikon Film · Fernsehen · Video
126 Kellerer, Der Sprung ins Leere
127 Schulz, Rapunzel
128 Bro, Wie lerne ich zeichnen
129 Koch-Hillebrecht, Die moderne Kunst
130 Gruber/Vedder, DuMont's Handbuch der Video-Praxis
131 Keilhauer, Die Bildsprache des Hinduismus
132 Merker, Die bildenden Künste im Nationalsozialismus
133 Salberg-Steinhardt, Die Schrift
134 Pochat, Der Symbolbegriff in der Ästhetik und Kunstwissenschaft
135 Schüssler, Die ägyptischen Pyramiden
136 Harjes, Handbuch zur Praxis des Freien Theaters
137 Pevsner, Wegbereiter moderner Formgebung

Im Oktober 1983 erscheinen:

139 Schulz, Rapunzel
140 Schmidt-Brümmer, Alternative Architektur
141 Stützer, Die Kunst der römischen Katakomben
142 Wittkower, Allegorie und Wandel der Symbole

Im Januar 1984 erscheinen

138 Piel, Die Methoden der Kunstgeschichte
143 Warnke, Politische Architektur
144 Magall, Kleine Geschichte der jüdischen Kunst
145 Fixx, Rätsel und Denkspiele mit Seitensprung